떴다! 지식 탐험대 - 화산과 지진
지구가 요동친다, 과학 탐정 출동!

초판 1쇄 발행일 2010년 8월 15일
개정판 1쇄 발행일 2020년 12월 20일
개정판 4쇄 발행일 2023년 10월 20일

글 노지영 그림 권송이 감수 홍태경

발행인 윤호권 사업총괄 정유한
발행처 (주)시공사 주소 서울시 성동구 상원1길 22, 6-8층 (우편번호 04779)
대표전화 02-3486-6877 팩스(주문) 02-585-1247
홈페이지 www.sigongsa.com / www.sigongjunior.com

ⓒ우리누리·권송이, 2010

이 책의 출판권은 (주)시공사에 있습니다.
저작권법에 의해 한국 내에서 보호받는 저작물이므로 무단 전재와 무단 복제를 금합니다.

ISBN 979-11-6579-283-1 74450
ISBN 979-11-6579-001-1 (세트)

*시공사는 시공간을 넘는 무한한 콘텐츠 세상을 만듭니다.
*시공사는 더 나은 내일을 함께 만들 여러분의 소중한 의견을 기다립니다.
*잘못 만들어진 책은 구입하신 곳에서 바꾸어 드립니다.

WEPUB 원스톱 출판 투고 플랫폼 '위펍' _wepub.kr
위펍은 다양한 콘텐츠 발굴과 확장의 기회를 높여주는
시공사의 출판IP 투고·매칭 플랫폼입니다.

KC 마크는 이 제품이 공통안전기준에 적합하였음을 의미합니다.
제조국 : 대한민국 사용 연령 : 8세 이상
책장에 손이 베이지 않게, 모서리에 다치지 않게 주의하세요.

떴다! 지식 탐험대

화산과 지진

지구가 요동친다, 과학 탐정 출동!

글 노지영 / 그림 권송이 / 감수 홍태경

시공주니어

작가의 말

  2010년 유럽의 '아이슬란드'라는 나라에서 폭발한 화산이 유럽 전체의 하늘길을 막아 버렸어요. 비행기가 다닐 수 없게 되는 바람에 수많은 사람들이 발이 묶인 채 꼼짝도 할 수 없었지요. 화산이 폭발한 나라에서는 시커먼 연기가 하늘을 뒤덮어 환한 낮인데도 어두운 밤처럼 온 세상이 어둠 속에 갇혔어요. 사람들은 특수 마스크를 쓰고 다녔고, 가축들도 검은 재를 뒤집어쓴 채 고통스러워했지요.

  하지만 그 정도 피해는 역사 속 이름난 다른 화산 폭발들에 비하면 아무것도 아니에요. 카리브해의 마르티니크섬에서는 몽펠레 화산 폭발로 하루아침에 3만 명이나 되는 사람이 목숨을 잃었어요. 인도네시아의 크라카타우 화산은 폭발과 함께 거대한 해일을 몰고 와서 인근 섬에 사는 3만 6000명의 사람들이 파도에 휩쓸려 죽고 말았어요.

  화산은 우리가 짐작하는 것보다 훨씬 더 엄청난 힘을 가지고 있어요. 깊은 땅속에 숨어 있던 마그마가 폭발과 함께 땅을 뚫고 나오면 많은 것들을 단숨에 파괴시킬 수 있지요.

땅속에서 일어나 사람들을 순식간에 공포로 몰아넣는 것은 또 있어요. '우르르 쾅!' 바로 지진이지요. 지진으로 파괴된 도시와 사람들의 모습이 얼마나 끔찍한지는 그동안 신문과 뉴스를 통해서 종종 봐 왔을 거예요.

자, 우리는 이제 땅을 뒤흔드는 화산과 지진의 정체를 명고난 탐정과 함께 알아볼 거예요. 한라산 기슭에 들어선 한라 과학 탐정 사무소! 그곳에 콰르릉 화산 연구소로부터 첫 사건이 날아들었어요. 화산 폭발을 늦추거나 앞당길 수 있는 멀티 화산 시스템에 관한 정보가 도난당할 위기에 처했거든요. 제주 토박이 오름이와 아수룩 조수, 명고난 탐정이 용의자들을 따라 지금도 활발하게 활동하고 있는 화산으로 떠나면서 이야기가 시작되지요.

우당탕!

요란하고 유쾌한 명탐정 일행이 사건을 어떻게 처리하는지 한번 따라가 볼까요?

노지영

차례

작가의 말 … 4
등장인물 … 8

1. 한라 과학 탐정 사무소에 날아든 의외의 사건 … 10
꼬마 탐정 오름이의 과학 노트: 지구의 속은 어떻게 생겼을까? | 화산 활동은 어디에서 일어날까? … 20
명 탐정의 과학 지식 쫓기: 화산섬 제주도는 어떻게 생겨났을까? | 오름은 어떻게 만들어졌을까? … 22

2. 깜장 중절모와 007가방을 쫓아라! … 24
꼬마 탐정 오름이의 과학 노트: 화산의 세 얼굴 | 화산의 이모저모 … 36
명 탐정의 과학 지식 쫓기: 열점이 만들어 낸 섬, 하와이 | 하와이의 막내, 로이히가 자라고 있다! … 38

3. 불카 게스트하우스의 페페 … 40
꼬마 탐정 오름이의 과학 노트: 마그마와 용암은 같은 걸까? | 분화구와 칼데라, 어떻게 다를까? … 50
명 탐정의 과학 지식 쫓기: 천지가 만들어진 과정 | 화산 구분하기 … 52

4. 하와이 화산 국립 공원에 도착하다 … 54
꼬마 탐정 오름이의 과학 노트: 화산이 폭발할 때 나오는 분출물 | 화산 활동이 만들어 낸 암석 … 66
명 탐정의 과학 지식 쫓기: 킬라우에아 화산 | 강물처럼 흐르는 용암 … 68

5. 유황 연기 속에서 정신을 잃다 … 70
꼬마 탐정 오름이의 과학 노트: 화산 활동이 주는 피해 | 화산 활동이 주는 이익 … 80
명 탐정의 과학 지식 쫓기: 역사상 유명한 화산 폭발 … 82

6. 용의자의 손에 들어간 잠자리 스파이 … 84
꼬마 탐정 오름이의 과학 노트: 분화하는 화산의 여러 가지 모습 … 96
명 탐정의 과학 지식 쫓기: 화산이 분출하는 과정 | 모형 화산 실험하기 … 98

7. 이른 새벽에 일어난 대피 소동 … 100
꼬마 탐정 오름이의 과학 노트: 지진은 왜 일어날까? | 지진이 일어났을 때의 대피법
동물들은 지진이 일어날 것을 미리 알 수 있을까? … 110
명 탐정의 과학 지식 쫓기: 지층과 단층 | 지진과 진동과의 관계 … 112

8. 사라진 용의자를 찾아라! … 114
꼬마 탐정 오름이의 과학 노트: 지진의 세기 | 진원과 진앙 … 124
명 탐정의 과학 지식 쫓기: 지진계의 원리 | 나만의 지진계 만들기 … 126

9. 퀴즈 대회 현장에서 벌어진 이상한 광경 … 128
꼬마 탐정 오름이의 과학 노트: 세계 지진의 역사 | 지진 해일은 왜 일어날까? … 138
명 탐정의 과학 지식 쫓기: 지진이 자주 일어나는 곳 | 지진에 대비하는 방법 … 140

10. 허무하고 맹랑한 사건의 결말 … 142
꼬마 탐정 오름이의 과학 노트: 수많은 사망자를 낸 아이티 지진 | 우리나라는 지진에서 안전한 곳일까? … 148
명 탐정의 과학 지식 쫓기: 화산과 지진을 연구해야 하는 이유 … 150

등장인물

명고난

경력 20년의 전문 탐정. 즐겨 보던 드라마 '씨엑스아이 과학 수사대'를 모방해 제주도에 한라 '과학' 탐정 사무소를 차렸다. 그런 뒤 의뢰받은 첫 사건이 콰르릉 화산 연구소의 '멀티 화산 시스템'에 관한 연구 자료 유출 사건! 사건의 실마리를 풀어 가며 과학 탐정이 천직이라 생각한다.

한오름

화산섬 제주도에서 나고 자란 소년. 사람들이 명탐정이라 부르는 삼촌 때문에 친구들의 부러움을 한 몸에 받는다. 탐정 사무소로 삼촌을 찾아갔다가 탐정단의 일원이 되어 하와이 킬라우에아 화산으로 떠나게 된다.

아수록

명고난 탐정의 유일한 조수. 과학에는 눈곱만큼도 관심이 없었는데 명 탐정 덕분에 과학 탐정 전문 조수가 되었다. 하지만 언제나 빗나간 추리로 명고난 탐정의 구박을 받는다.

하와이 불카 게스트하우스의 꼬마 지킴이. 하와이 킬라우에아 화산이 집이자 학교이자 놀이터다. 오름이를 도와주다 명고난 탐정 일행의 정체에 대해 알게 된 뒤, 여러 가지 도움을 준다.

국내 유일의 화산 연구소, 콰르릉 화산 연구소의 소장. 멀티 화산 시스템에 관한 연구 자료가 유출된 뒤, 사건을 맡아 줄 사람을 너무 급히 찾느라 한라 과학 탐정 사무소를 방문하게 된다.

심각해 소장이 사건의 용의자로 지목한 두 사람. 명 탐정 일행의 끈질긴 추적을 받아 정체가 낱낱이 밝혀진다.

1 한라 과학 탐정 사무소에 날아든 의외의 사건

그날 오름이가 한라 과학 탐정 사무소에 들어섰을 때 사무소 안 풍경은 여느 때와 별반 다를 게 없었다. 명고난 삼촌은 신문을 보고 있었고 아수록 조수는 라면을 먹으며 텔레비전에서 방영되는 탐정 만화를 보고 있었다.

"어, 왔어?"

아 조수가 입에 라면 줄기를 폭포처럼 매달고 말했다.

오름이를 처음 만난 날, 아 조수는 "혹시 동생 이름이 내림이 아니냐?"라고 물었다. 그동안 오름이에게 그런 유치한 질문을 한 사람은 단 한 명도 없었다. 그도 그럴 것이 오름이는 제주도에서 나고 자란 제주 토박이다. 제주도 사람이라면 '오름'이 제주의 기생 화산을 뜻한다는 사실을 누구나 알고 있다.

"우아, 기가 막히다. 어떻게 저런 추리를 해낼 수 있지?"

오름이는 텔레비전 속 꼬마 탐정의 활약에 혀를 내두르는 아 조수를 보고 있자니 갑자기 삼촌이 불쌍하다는 생각이 들었다.

오름이의 삼촌은 사설탐정이다. 명고난 탐정이 서울에서 잘 나간다던 사무실을 접고 제주도로 내려온 건 석 달 전의 일이었다. 그리고 한라산 기슭에 한라 '과학' 탐정 사무소를 차린 지 이제 두 달이 되어 가고 있었다. 그 두 달이 다 되도록 사무소에는 파리만 날릴 뿐 그럴싸한 사건 하나 들어오지 않았다.

하지만 쥐구멍에도 볕 들 날이 있다고, 평소와 다름없어 보이던 바로 그날 한라 과학 탐정 사무소에 뜻밖의 사건이 날아들었다.

"실례합니다."

세 사람의 시선이 동시에 낯선 방문객에게 향했다.

"여기에 명 탐정님이 계시다고 해서 왔는데……."

"네, 맞습니다. 어서 들어오세요."

명 탐정이 아수록 조수에게 눈짓과 손짓으로 빠르게 지시를 내렸다.

'얼른 그 라면 냄비를 좀 치우게.'

아 조수는 몹시 아쉬운 듯 냄비에 남아 있던 라면 국물을 단숨에 마시고는 바닥에 뒹굴던 신문지로 냄비를 덮어 구석으로 밀어 버렸다.

"사건을 좀 맡아 주셨으면 합니다."

자리를 잡고 앉기 무섭게 방문객은 아주 다급한 목소리로 말했다.

"어떤 사건이지요?"

"저희 연구소에서 오랜 시간과 노력을 기울여 이루어 낸 비밀 연구

성과가 외부로 유출될 위기에 처했습니다."

방문객은 자신이 국내 유일의 화산 연구소인 '콰르릉 화산 연구소'의 심각해 소장이라고 소개했다.

콰르릉 화산 연구소에서는 10여 년 동안 비밀스런 연구가 진행되어 왔다고 한다. 바로 '멀티 화산 시스템'이란 것으로, 심각해 소장은 '멀티 화산 시스템'에 관한 자신들의 연구가 성공을 거두면 온 세계가 깜짝 놀랄 거라고 했다.

심각해 소장이 자신들의 연구에 대해 길게 설명을 늘어놓았지만 명 탐정과 아 조수의 반응은 시큰둥했다. 그러자 심각해 소장이 아주 간단명료하게 말했다.

"쉽게 말하자면 화산 폭발을 일정 시간 늦추거나 앞당기게 할 수 있는 획기적인 방법에 관한 겁니다."

이번에도 두 사람의 반응은 그저 그랬다. 명 탐정은 아무런 표정의 변화가 없었고 아 조수는 하품을 하다가 심 소장과 눈이 마주치자 멋

쩍게 웃어 보였다.

'어라? 이 썰렁한 반응은 뭐지?'

솔직히 심 소장은 적잖이 실망을 했다. 심 소장이 보기에 이 방 안에 있는 사람들은 그게 얼마나 대단한 일인지 모르는 게 분명했다. 심 소장의 예상대로라면 세 사람은 입이 떡 벌어지게 놀라운 표정을 지으며 감탄사를 쏟아 내야 했다.

"우아! 정말요?"

조금 늦은 감이 있긴 하지만 오름이가 반응을 보였다.

"그게 어떻게 가능해요? 수천 킬로미터나 되는 깊은 땅속에서 일어나는 일을 어떻게 늦췄다 앞당겼다 하죠?"

"그래서 내가 온 세계가 깜짝 놀랄 만한 연구라고 하지 않았니?"

"그럼 한라산도 폭발하게 할 수 있어요?"

"아니, 그건 안 돼. 한라산은 활동을 멈춘 지 너무 오래되었거든. 멀티 화산 시스템은 이미 죽어 버린 화산에서는 불가능하단다."

오름이가 무척 실망한 표정을 지었다.

명 탐정이 심 소장에게 물었다.

"험험, 우리가 무엇을 도와드리면 될까요?"

"이 사람들을 추적해 주십시오."

심 소장이 주머니에서 사진 한 장을 꺼내 탁자 위에 올려놓았다.

"명 탐정님, 벌써 감이 오는군요. 이자들이 범인이 분명합니다."

아 조수가 사진을 노려보며 말했다.

오름이는 아무리 들여다보아도 아 조수가 말하는 감이 무엇인지 알 수 없었다. 사진 속 사람들은 검은색 옷과 모자, 색안경으로 도배를 하고 있어서 아무것도 알아볼 수 없었다. 심지어는 여자인지 남자인지조차 구별할 수 없을 지경이었다.

"깜장 중절모와 007가방은 우리 연구소의 보안을 담당한 외부 직원을 가장해 들어왔습니다."

심 소장이 말한 대로 사진 속 사람들 중 키가 작고 뚱뚱한 사람은 깜장 중절모를 깊이 눌러쓰고 있었다. 또 한 사람은 키가 크고 마른 체형으로 손에 007가방을 들고 있었다. 두 사람의 특징은 그게 전부였다.

"우리는 그게 누구든 외부에서 사람이 들어오면 내부 문서가 유출되

지 않도록 특별히 신경을 썼지요."

심 소장은 하루는 늘 오던 보안 요원들 대신 이 두 사람이 찾아왔다고 했다. 그러고는 앞으로 자신들이 그곳을 담당하게 될 거라고 말했다고 한다. 그런데 그들이 가고 난 뒤 그들의 말이 거짓이라는 걸 알게 되었다는 것이다.

"한바탕 난리가 났었죠. 그들이 가고 난 뒤 그날 연구소 안의 감시 카메라가 제대로 작동하지 않았다는 걸 알게 되었습니다. 또 중요한 연구 문서가 엉뚱한 곳에서 발견되기도 했지요."

명 탐정이 고개를 갸웃거리며 말했다.

"그보다 더 결정적인 증거가 있어야 할 텐데요. 그 정도 사실만으로는 그들을 범인이라고 볼 수 없을 것 같은데……."

"물론 있지요. 그들의 글씨체가 고스란히 남아 있는 이 종이입니다."

심 소장은 탁자 위에 낡은 종이 한 장을 올려놓았다. 아주 잘게 찢어진 종잇조각들을 퍼즐 맞추기라도 하듯 맞춘 뒤 투명 테이프로 붙여 놓은 종이였다.

"저희 연구소에서는 아주 작은 소리도 녹음이 됩니다. 그래서 그걸 알고 있던 두 사람이 종이에 써서 이야기를 나눈 듯합니다. 그런 뒤 화장실 휴지통에 찢어 버린 거죠."

"윽, 화장실요?"

아 조수가 코를 감싸 쥐고 인상을 쓰며 재빨리 머리를 뒤로 뺐다. 하지만 명 탐정과 오름이는 달랐다. 둘은 종이에 쓰인 글을 읽기 위해 머리를 바짝 들이밀었다.

형! 십 분 뒤쯤에 정 연구원이 약속이 있어서 나간다고 했어. 그때 정 연구원 자리에 가 보면 연구 내용을 아주 간단하게 정리한 파일이 하나 있을 거야. 그걸 복사해 와야 해.
 그래? 그게 뭔데?
 가서 보면 알아. 첫 문장이 이렇게 시작했어.
 '땅속 ▢▢▢ 층에서 만들어진 ▢▢▢ 가 지각의 갈라진 틈으로 뚫고 나오는 게 화산이다……'
 알았어.

    종이는 두 군데에 구멍이 나 있었다. 아마도 구멍이 난 부분은 휴지통에서 찾지 못한 모양이었다. 그건 탐정이 아닌 누구라도 쉽게 알 수 있었다.
 "흠……."
 명 탐정이 깊은 생각에 잠긴 듯 의자 등받이에 몸을 기댔다.
    그리고 얼마 뒤, 코를 감싸 쥔 채 종이를 찬찬히 살펴본 아 조수가 입을 열었다.
    "놈들은 보통 녀석들이 아니군요. 연구 결과와 관련된 극비 단어들은 일부러 빈칸으로 남겨 놓았으니 말입니다."

바로 그때, 오름이는 심 소장의 얼굴이 심하게 일그러지는 것을 볼 수 있었다.

"네? 연구와 관련된 극비 단어라고요?"

"네, 그렇습니다."

'으이그, 형! 그게 아니야.'

오름이가 아무리 눈치를 주어도 소용없었다. 아 조수는 이미 한참 빗나간 추리의 날개를 맘껏 펼치고 있었다.

오름이는 사라진 단어들이 무엇인지 단박에 알 수 있었다.

범인들이 말하는 첫 문장은 화산에 대한 간단한 정의 같았다.

'화산이 분출할 땐 지각의 갈라진 틈으로 마그마가 뚫고 나오지. 그리고 마그마는 땅속 맨틀에서 만들어져. 그러면 사라진 단어는 맨틀과 마그마구나!'

오름이가 다른 과목보다 과학을 좋아하긴 하지만 그렇다고 과학 천재는 아니다. 약 한 달 전 과학 시간에 배운 내용이 생각나지 않았다면 오름이도 아 조수와 다를 게 없을 터였다.

심 소장이 의심스러운 눈빛으로 명 탐정에게 물었다.

"명 탐정님도 그렇게 생각하십니까?"

오름이는 가슴이 조마조마했다. 오름이는 삼촌이 어떻게 말하느냐에 따라 이 사건이 한라 과학 탐정 사무소의 첫 사건이 되느냐 마느냐가 결정될 거란 걸 알 수 있었다.

"제 생각엔……."

오름이는 가엾은 삼촌이 이 사건을 맡게 되기를 간절히 바랐다. 그래서 저도 모르게 답을 말해 버리고 말았다.
"소장님! 사라진 단어는 맨틀과 마그마고, 저 문장은 그냥 화산에 대한 정의일 뿐이에요. 그렇죠?"
갑작스런 오름이의 행동에 사무소 안에는 아주 짧은 시간 동안 침묵이 흘렀다. 그리고 곧 날카로운 전화벨 소리가 심 소장의 주머니 안에서 들려왔다.
"여보세요? 그래. 뭐? 하와이? 놈들이 벌써 행동에 들어간 거로군. 음……. 잠시만 기다리게. 어떻게 하시겠습니까? 이 사건을 맡아 주시겠습니까?"
황급히 통화를 하던 심 소장이 명 탐정에게 물었다.
"그, 그, 그러죠."
명 탐정이 얼결에 대답했다.
"좋습니다. 아, 김 조교! 자네는 얼른 놈들과 같은 비행기의 표를 세 장만 구해 놓게. 그래. 아! 그중 한 장은 꼬마 탐정을 위한 것이니 어린이 표로 해도 될 거야."
오름이가 삼촌과 아 조수의 얼굴을 번갈아 쳐다보았다. 그리고 막 통화를 끝낸 심 소장이 세 사람을 향해 말했다.
"놈들이 지금도 활발히 활동하고 있는 화산을 찾아갈 모양입니다. 놈들을 따라 그곳으로 가 주셔야 할 것 같습니다."

꼬마 탐정 오즘이의 과학 노트

지구의 속은 어떻게 생겼을까?

화산이 왜, 어떻게 생기는지 알고 싶으면 먼저 지구 속이 어떻게 생겼는지를 알아보아야 해요. 우리가 밟고 있는 땅, 지구의 겉껍데기를 지각이라고 해요. 지각은 달걀과 복숭아에 비유하자면 달걀의 겉껍데기나 복숭아의 겉껍질쯤 된다고 생각하면 돼요.

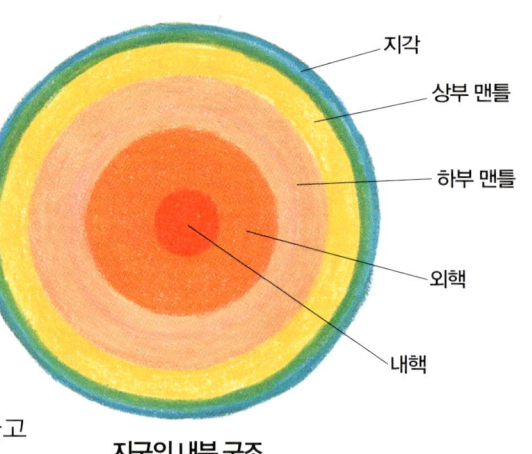

지구의 내부 구조

지각 아래에는 맨틀이라는 층이 있어요. 맨틀은 상부 맨틀과 하부 맨틀로 나누어지지요. 삶은 달걀의 흰자위, 그리고 복숭아의 과육 부분에 비유할 수 있어요. 맨틀은 무척 뜨거워요. 온도가 900~2200℃ 사이에 이르지요. 맨틀은 '액체 성질을 지닌 고체'로 이루어져 있어요.

지구 속으로 더 깊이 들어가 보면 맨틀 속에 핵이 있어요. 핵은 외핵과 내핵으로 나누어져요. 핵은 달걀의 노른자위, 복숭아의 씨 정도로 보면 된답니다.

맨틀의 지각과 가까운 부분에는 마그마라는 물질이 있어요. 마그마는 암석이 뜨거운 열 때문에 녹아서 액체 상태를 이룬 것을 말해요. 마그마가 땅속에서 움직이다가 지각의 갈라진 틈을 뚫고 땅 위로 솟아오를 때, 우리는 화산이 폭발했다고 한답니다.

달걀 단면

복숭아 단면

화산 활동은 어디에서 일어날까?

지구 표면은 '판'이라고 부르는 몇 개의 조각으로 나뉘어 있어요. 판은 맨틀의 연약권 위에 떠서 1년에 몇 센티미터 정도씩 아주 천천히 움직여요.

물 위에 스티로폼 조각을 띄워 놓고 물 표면에 작은 진동을 일으켜 보세요. 스티로폼 조각이 물결을 따라 조금씩 움직이는 걸 볼 수 있을 거예요. 이와 마찬가지로 판도 우리 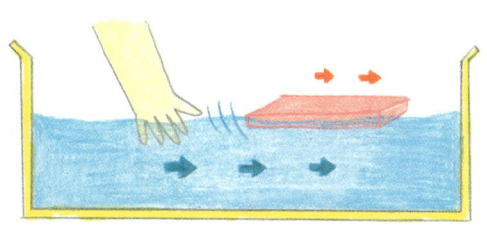 가 느낄 수 없을 정도로 조금씩 움직이고 있어요. 그러다가 판들은 서로 부딪치기도 하고 멀어지기도 해요. 화산과 지진은 바로 이런 곳, 판들이 서로 부딪치는 경계 지역에서 자주 일어나지요.

2개의 판이 부딪쳐 한쪽 판이 다른 쪽 판 아래로 밀려 들어가면, 밀려 들어간 지각이 맨틀의 뜨거운 열에 녹아 마그마가 돼요. 그 마그마가 갈라진 지각 틈으로 솟아오르면 화산이 생기는 거예요.

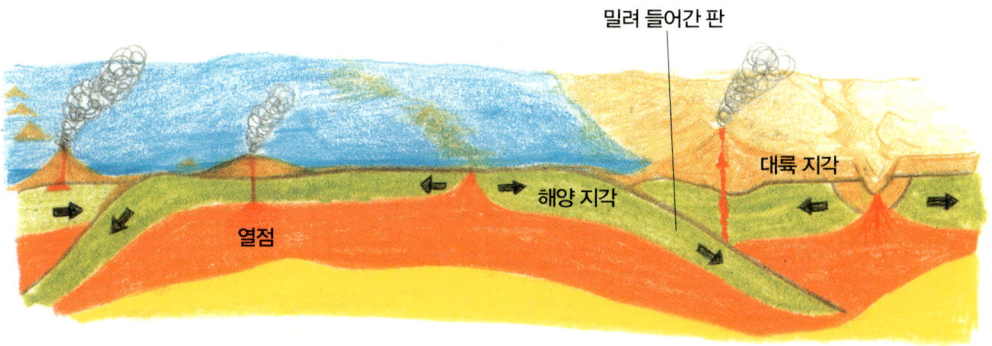

판의 이동과 화산 활동

명 탐정의 과학 지식 쑥쑥

화산섬 제주도는 어떻게 생겨났을까?

화산 활동이 육지에서만 일어나는 게 아니라는 건 알고 있겠지? 마그마가 지각의 갈라진 틈을 뚫고 올라왔는데 그곳이 바닷속일 수도 있는 거야. 바다 위에 있는 화산섬은 그렇게 만들어지기 시작하지.

마그마가 지표면으로 뿜어져 나온 것을 용암이라고 해. 화산이 바닷속에서 폭발하면 흘러나온 용암이 쌓이고 쌓여 바다 위로 올라오게 돼. 폭발이 끝나고 나면 올라온 용암이 굳어서 섬이 만들어지지.

학자들은 제주도가 화산 활동이 적어도 네 번 이상은 일어나서 만들어진 섬이라고 해. 제주도의 화산 활동은 무려 120만 년 전쯤부터 2만 5000년 전쯤까지 일어났단다.

바닷속에서 화산이 폭발해 마그마에 닿은 물이 뜨거운 수증기가 되어 올라온다.

용암과 화산재가 뿜어져 나온다. 용암이 쌓여 바다 위로 솟아오른다.

폭발이 끝난 뒤 새로운 섬이 만들어진다.

화산섬이 생기는 과정

오름은 어떻게 만들어졌을까?

커다란 화산의 중턱이나 기슭에, 새롭게 용암이 터져서 생겨난 작은 화산을 기생 화산이라고 해. 제주도에 가면 작은 언덕처럼 생긴 기생 화산을 흔히 볼 수 있어. 제주도에서는 기생 화산을 '오름'이라고 부르는데, 제주도에는 무려 300개가 넘는 오름이 있지.

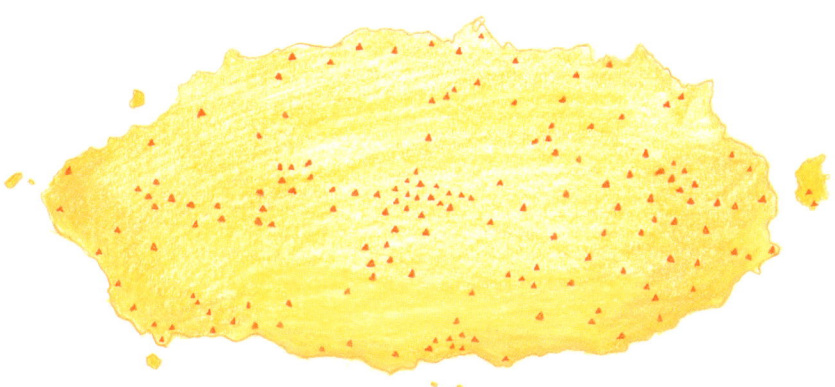

제주도의 기생 화산 분포도

제주도의 오름은 한라산이 거의 다 만들어진 이후에 한라산 기슭에서 작은 규모로 여러 차례 폭발이 일어나 만들어진 거야. 그러니 제주도의 화산 활동 가운데서 가장 늦은 시기, 즉 제주도에서 가장 최근에 일어난 화산 활동으로 만들어진 것이 바로 오름이란다.

2 깜장 중절모와 007가방을 쫓아라!

"와우! 이제 한 시간 후면 꿈의 섬, 하와이에 내리는 거야?"

아 조수가 비행기 창밖으로 태평양을 내려다보며 말했다.

사실 실제로도 그랬지만 아 조수는 구름 위에 붕붕 떠 있는 기분이었다. 심 소장이 말한 '지금도 활발히 활동하고 있는 화산'은 바로 하와이에 있는 킬라우에아 화산이었다.

그날, 그러니까 한라 과학 탐정 사무소에 첫 번째 손님이 찾아온 날, 오름이의 순발력 덕분에 심 소장은 명 탐정이 말하려던 답을 듣지 못했다. 물론 아주 짧은 순간이었지만 명 탐정의 등을 타고 식은땀이 흘러내렸다는 걸 알아챈 사람도 없었다.

"놈들이 움직이기 시작한 거예요. 아마 제 생각이 맞다면 놈들은 하와이에 있는 화산 연구소에 우리 연구 자료를 넘기려고 할 겁니다. 명 탐정님 그리고 꼬마 탐정님, 잘 부탁드립니다."

심 소장은 분명 오름이를 꼬마 탐정이라고 불렀다. 그리고 이런 말도 덧붙였다.

"하하하, 텔레비전에서 보면 유명한 탐정은 모두 열서너 살 정도로 보이는 어린이더군요. 한라 과학 탐정 사무소에도 꼬마 명탐정이 있을

줄은 상상도 못 했습니다."

그 순간 아 조수는 입에 벌레를 물고 있는 것 같았다. 그건 누가 보아도 벌레 씹은 표정이 분명했으니까!

그 뒤 얼결에 비행기표를 얻게 된 오름이를 포함한 세 사람은 곧바로 출장 준비에 들어갔다.

"어? 삼촌! 그게 뭐예요? 꼭 잠자리처럼 생겼네요?"

"이건 최첨단 도청 기기야. 우리가 원하는 곳으로 날려 보내면 그곳의 영상과 소리를 실시간으로 우리에게 들려준단다."

명 탐정은 펜으로 된 녹음기, 넥타이핀에 달린 초소형 사진기도 보여 주었다. 오름이는 태어나서 그렇게 신기한 기계들은 처음 보았다.

하와이로 떠날 시간이 다가오자 명 탐정은 하와이 화산들에 대한 자료들을 모으기 시작했다. 덕분에 오름이는 사무소를 드나들며 그동안 머릿속으로만 그려 보던 화산을 실컷 볼 수 있었다.

"삼촌, 우리가 정말 용암을 내뿜는 화산을 직접 볼 수 있어요?"

"물론이지!"

명 탐정이 불러낸 화면 속에는 시뻘건 용암이 강물처럼 흐르고 있었다. 그걸 보고 있자니 오름이는 가슴속이 뜨거워지는 것 같았다.

오름이에게 제주도는 아주 심심한 곳이었다. 화산섬이라고는 하지만 구멍 뚫린 검은 돌들과 곳곳에 솟아난 기생 화산만 있을 뿐, 오름이가 생각하는 진짜 화산의 모습은 어디에서도 찾아볼 수 없었다.

"야호! 심심한 한라산아, 안녕!"

얼결에 꼬마 탐정이란 감투를 쓰게 된 오름이가 기쁨에 겨워 팔짝 뛰

어올랐다. 마치 하늘로 날아오를 듯한 기분이었다.

그리고 며칠 뒤, 오름이는 진짜로 하늘을 날게 되었다.
"아수록 형, 하와이가 모두 몇 개의 섬으로 이루어져 있게?"
"몇 개? 글쎄? 대략 10개쯤?"
"땡! 틀렸어. 큰 섬은 8개, 작은 섬은 100개가 넘어."
"뭐, 대충 맞혔네. 난 큰 섬만 말한 거였거든."
아 조수가 얄밉게 말했다.
"좋아. 그럼 하와이 바다 밑에 있는 마그마가 모여 있는 곳을 뭐라고 하는지 알아?"

"당연히 알지."

"뭔데?"

"그러니까 그게……, 쉿!"

아 조수가 갑자기 목소리를 낮추며 주위를 빠르게 둘러보았다.

"지금 네가 하는 행동이 얼마나 위험한 행동인지 알아? 잘못하면 놈들이 우리의 정체를 눈치챌 수도 있다고."

"아!"

오름이는 가슴이 철렁하고 내려앉는 걸 느끼며 급히 삼촌의 눈치를 살폈다. 다행히 삼촌은 두 시간째 꿈나라를 여행 중이었다.

오름이는 조용히 자리에서 일어나 화장실로 향했다. 만화책을 보며 킬킬거리던 아 조수가 오름이에게 잠시 눈길을 건넸다가 다시 만화책 속으로 고개를 파묻어 버렸다.

비행기 화장실은 역시 불편하기 짝이 없었다. 오름이는 내심 국제선 항공기의 화장실은 좀 다를 거라고 기대했었다. 하지만 서울 할머니 댁을 오갈 때 타던 국내선 비행기와 조금도 다르지 않았다. 오름이가 얼른 밖으로 나가려고 옷을 입을 때였다.

"마우나케아산은 활동을 멈춘 지 이미 수천 년은 지났어. 다시는 활동을 안 할 테니 (   )으로 보는 게 맞겠지."

누군가 화장실 밖에서 화산 이야기를 하고 있었다. 그 목소리의 주인공은 분명 아수록 형도 삼촌도 아니었다. 그런데 변기 물이 내려가는 소리 때문에 제대로 듣지 못했다.

오름이는 잠시 화장실 문밖에서 들려오는 소리에 귀를 기울였다. 그러자 이번에는 아무 소리도 들리지 않았다.

'어휴, 내가 너무 민감한 거 아냐? 화산섬을 여행하려는 사람들이 화산 이야기를 하는 게 뭐가 어때서?'

오름이가 손을 씻으려고 물을 틀자 다시 말소리가 들려왔다.

"하와이에는 지금은 잠시 활동을 중단한 (   )들도 있지. 사실 그런 화산이 킬라우에아 화산처럼 왕성하게 활동 중인 (   )보다 더 위험한 건지도 몰라."

이번에도 역시 물소리에 묻혀 이야기가 온전히 들리지 않았다.

오름이는 종이 타월로 손에 묻은 물기를 대충 닦아 낸 뒤 화장실 문

을 밀고 밖으로 나왔다. 그러고는 눈앞에 펼쳐진 모습에 너무 놀라서 저도 모르게 두 손으로 입을 틀어막아 버렸다.

"하읍!"

오름이 앞에는 깜장 중절모와 007가방이 서 있었다. 화장실 밖에서 화산 이야기를 나눈 사람들은 바로 그들이었다.

오름이는 최대한 아무렇지도 않은 척하며 자리로 돌아와 앉았다.

"삼촌! 얼른 일어나 보세요."

오름이 목소리가 심상치 않자 아 조수가 눈치를 보며 슬며시 만화책을 덮었다.

"아하함~ 다 왔냐?"

"거의요. 삼촌, 제가 지금 용의자들이 나누는 얘기를 바로 코앞에서 들었어요."

"뭐? 정말이냐?"

"뭐라고 했는데?"

아 조수가 급히 수첩과 펜을 집어 들며 물었다.

"화산 이야기를 했어요. 물소리 때문에 잘 듣지는 못했는데 마우, 어쩌고 하는 산이 활동을 안 하는 화산이라고 했어요."

"흠, 마우나케아산을 말하는 거로군."

"네. 또 활동을 중단한 산이랑 킬라우에아 화산처럼 활동 중인 화산을 뭐라고 했던 거 같아요. 근데 못 들었어요."

명 탐정이 두 사람에게 눈을 찡긋하고는 슬며시 눈을 돌려 화장실 주위를 살폈다. 잠시 후 두 용의자가 세 사람에게서 멀리 떨어진 자리로 돌아가는 것을 확인한 뒤 다시 입을 열었다.

"그다지 중요한 얘기는 아닌 것 같다. 사화산과 휴화산, 활화산 이야기를 한 거 같아. 흠, 어쨌든 놈들이 멀티 화산 시스템 연구 문서 유출 사건과 관련이 있는 것만은 확실한 것 같군."

명 탐정의 말을 들으며 오름이와 아 조수는 무언가 단단한 각오가 담긴 듯한 눈빛을 주고받았다.

세 사람이 탄 비행기는 곧 공항에 착륙했다. 오름이가 느끼기에 하와이의 공기는 제주도의 공기와 비슷했다.

공항 곳곳에는 하와이의 매력적인 민속 문화를 한눈에 확인할 수 있는 광고판들이 붙어 있었다. 오름이는 화려한 볼거리에 잠시 눈이 팔렸다. 하지만 곧 비행기에서 내리기 직전에 삼촌이 했던 말이 떠올라 정신을 바짝 차렸다.

'두 사람 모두 한눈팔지 마라. 여기서 놈들을 놓치면 아주 복잡해지거든. 무슨 일이 있어도 놈들의 숙소까지는 무사히 따라가야 한다.'

"형, 잘 살피고 있지?"

"당근이지. 놈들은 아직 가방을 찾는 중이야."

아 조수는 비행기에서 내리자마자 검은 선글라스를 꺼내 썼다. 이제부터 본격적으로 놈들을 비밀스럽게 살펴보려면 선글라스는 필수였다.

"삼촌은?"

"화장실에 가셨어."

그때 화장실을 찾아 주위를 두리번거리던 오름이 눈에 벽에 걸린 커다란 그림이 들어왔다. 그건 하와이의 대표적인 화산섬들이 어떻게 생겨나게 되었는지를 나타낸 그림이었다.

"아, 이게 열점이구나."

"열점? 그게 뭔데?"

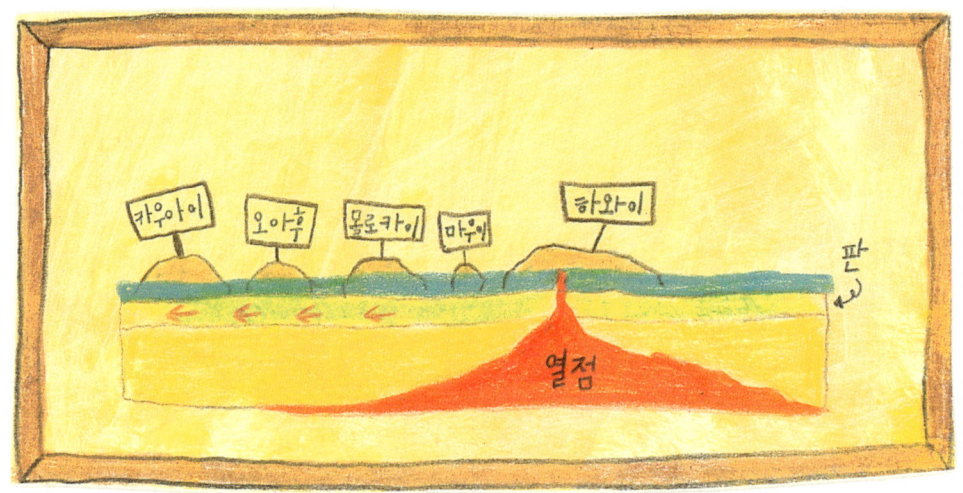

"아까 내가 비행기에서 말한 마그마가 모여 있는 곳 말이야. 그걸 열점이라고 하잖아."

"아, 아아아~ 열점! 난 또 뭐라고."

아 조수의 연기는 무척 서툴렀다.

"이 그림에서처럼 땅속 깊은 곳의 열점은 움직이지 않고 있는데 여기 이 판이 움직이는 거야. 그러니까 꼭 줄을 서서 점을 찍는 것처럼 바다 위로 화산섬이 하나씩 생기는 거지. 정말 신기하다. 그치?"

"어, 저기 삼촌이다."

출장길에 오르면서 명 탐정은 아 조수에게도 자신을 삼촌이라 부르라고 했다. 아 조수는 오름이의 이야기를 못 들은 척하고는 황급히 명 탐정을 가리켰다. 아 조수가 가리킨 곳에는 배를 움켜쥐고 얼굴을 잔뜩 찌푸린 명 탐정이 서 있었다.

"얼른 가자. 설마 놈들을 놓친 건 아니겠지?"

"그럼요."

아 조수가 선글라스를 콧잔등 아래로 내리고 명 탐정에게 눈짓으로 용의자의 위치를 알렸다. 같은 순간 오름이도 용의자 쪽으로 살며시 눈길을 돌렸다.

그런데 이게 어찌 된 일인가? 아 조수가 가리킨 곳은 오름이가 바라본 곳과 정반대였다. 더욱 놀라운 것은 서로 다른 두 곳에 두 명의 깜장 중절모와 007가방이 나란히 짝을 이루고 서 있다는 사실이었다.

양쪽 사람들은 차림새와 체형, 손에 든 가방까지 거짓말처럼 똑같았다. 키가 작고 뚱뚱한 남자는 검은색 중절모를 썼고, 키가 크고 마른 남자는 007가방을 들고 있었다.

"어? 어어……."

오름이는 두 손으로 눈을 비비고 몇 번이나 고개를 돌려 양쪽 사람들의 모습을 확인했다.

'아, 똑같아! 어떡하지? 어느 쪽이 우리가 쫓던 용의자들인지 구분이 안 가.'

"오름아, 얼른 오지 않고 뭐 해?"

용의자들을 향해 다가가던 아 조수가 오름이에게 손짓을 했다.

"형, 저기! 저기 좀 봐!"

오름이가 삼촌 몰래 아 조수에게 자신이 발견한 검은 옷의 두 사람을

가리켰다.
"으아아아아~ 뭐야?"
작은 소리였지만 아 조수가 저도 모르게 소리를 질렀다.
"어떡해?"
"어떡하긴, 뭘?"
"어떤 쪽인지 헷갈리잖아. 만약 삼촌이 아시면……."
"절대 안 돼!"
"얘들아, 얼른 안 오고 뭐 하니?"
"네, 지금 가요!"

아 조수가 명 탐정을 향해 이렇게 외치고는 오름이에게 속삭였다.
"우리가 쫓아가는 저놈들이 맞을 거야. 내가 한눈팔지 않고 감시했어."
"정말?"
"맹세할 수 있어."
아 조수가 앞서 나가며 오름이의 팔을 잡아끌었다.
오름이는 버려진 검은 한 쌍에게서 눈을 떼지 못한 채 아 조수에게 질질 끌려갔다.

꼬마 탐정 오즘이의 과학 노트

화산의 세 얼굴

화산은 크게 활화산, 휴화산, 사화산으로 나눌 수 있어요.

활화산은 현재 활발하게 활동 중인 화산, 휴화산은 잠시 활동을 중단한 화산, 그리고 사화산은 활동이 완전히 끝난 화산을 말해요.

먼저 활발하게 활동 중인 활화산으로 가 볼까요? 활화산 어딘가에서는 용암이 흘러나오고 곳곳에서 화산 가스가 새어 나오고 있어요. 퀴퀴한 유황 가스 냄새가 코를 찌르며 진동하지요. 휴화산은 잠시 활동을 쉬고 있는 화산이에요. 지금은 활동을 멈추고 있지만 앞으로 폭발이 일어날 가능성이 있어요. 빠르면 수십 년, 늦으면 수백 년 후에 다시 활동을 하기도 하지요. 사화산은 한마디로 죽은 화산이에요. 다시는 활동하지 않을 화산이지요.

사화산으로 여겼던 화산이 아주 오랜 시간이 지난 뒤에 활동을 할 수도 있어요. 그래서 사화산과 휴화산은 명확히 구분하기 어렵답니다.

화산의 이모저모

가장 크게 폭발한 화산

인도네시아의 탐보라 화산은 무시무시한 폭발로 유명한 화산이에요. 1815년에 엄청난 폭발이 일어났지요. 원래 산의 높이는 4000m가 넘었는데, 그때의 폭발로 윗부분의 절반 가까이가 날아가 약 2821m가 되었다고 해요. 폭발 당시 화산재는 1300km를 날아갔고 9만 명이 넘는 사람들이 목숨을 잃었어요. 또 화산재가 햇빛을 막아서 세계의 평균 기온은 1℃나 낮아졌어요. 사흘 동안 낮이 밤처럼 어두웠고, 여름엔 너무 추워서 농사를 지을 수 없었지요. 그래서 그해에는 전 세계적으로 흉년이 들었답니다.

가장 오랫동안 활동 중인 에트나 화산

이탈리아의 시칠리아섬에는 유럽에서 가장 높은 활화산이 있어요. 바로 높이가 약 3326m에 이르는 에트나 화산이지요. 에트나 화산은 50만 년 전쯤에 처음 생겨나서 지속적으로 활동을 하고 있어요. 깜깜한 밤에 비행기를 타고 에트나 화산 위를 지나다 보면 4개의 분화구가 보여요. 사람들은 붉은 용암으로 가득 찬 분화구가 마치 괴물의 눈 같다고 말한답니다. 이곳은 유명한 관광지이자, 다양한 화산 연구가 이루어지는 곳이기도 해요.

명탐정의 과학 지식 쫓기

열점이 만들어 낸 섬, 하와이

하와이는 8개의 큰 섬과 100여 개의 작은 섬들로 이루어져 있어. 하와이를 이루는 주요 섬인 카우아이, 오아후, 몰로카이, 마우이, 하와이는 북서쪽에서 남동쪽으로 늘어서 있단다. 하와이의 섬들은 모두 화산 폭발로 만들어진 화산섬이야. 대부분의 화산이 판과 판의 경계 부분에서 생겨났지만, 하와이는 판의 한가운데에서 일어난 화산 폭발로 만들어졌어. 하와이가 어떻게 생겨나게 됐는지 알려면 먼저 판이 느릿느릿 움직이고 있다는 사실과 열점에 관해서 알아야 해.

태평양 한가운데 바다 밑 깊숙한 곳에는 아주 뜨거운 곳이 있어. 바로 마그마가 고여 있는 곳이란다. 과학자들은 이곳을 '열점'이라고 부르지. 열점은 움직이지 않고 한자리에 가만히 있어. 그런데 그 위에 있는 판은 1년에 몇 센티미터씩 남동쪽에서 북서쪽으로 움직이고 있지.

자, 이제 그럼 이 두 가지 사실을 합쳐 상상해 볼까? 열점에서는 쉬지 않고 마그마가 땅 위로 솟아 나오고 있어. 그런데 그 위의 판은 남동쪽에서 북서쪽으로 움직이고 있지. 그러니 처음 만들어진 분화구는 한참 시간이 지나면 남동쪽에서 북서쪽으로 이동하겠지? 그리고 이동한 분화구의 남동쪽에서는 새로운 분화구가

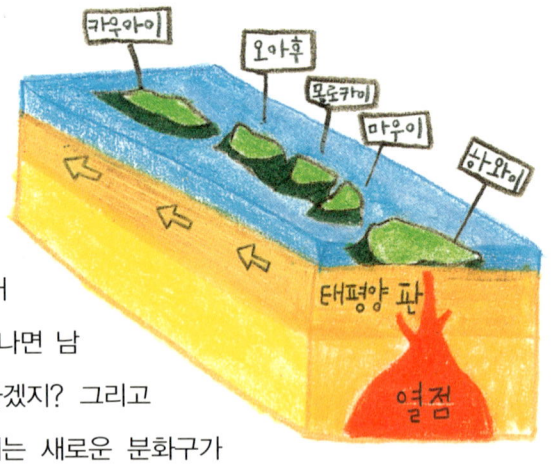

만들어지고 있을 거야. 오랫동안 이러한 과정을 거쳐 하와이의 섬들이 만들어졌단다.

열점에 의해 카우아이섬이 만들어지고 지각 운동에 의해 천천히 북서쪽으로 이동하고 나서 다시 오아후섬이 만들어졌어. 또 한참 지난 뒤에는 다시 남동쪽 방향에 마우이섬이, 그리고 다시 하와이섬이 만들어진 거야.

하와이에서 용암을 쏟아 내는 섬은 열점과 가까운 곳에 위치해 있어. 이미 열점에서 멀어진 오아후섬에서는 더 이상 용암이 나오지 않는단다.

하와이의 막내, 로이히가 자라고 있다!

북서쪽에서 남동쪽으로 늘어선 카우아이섬, 오아후섬, 마우이섬, 하와이섬 중에 누가 가장 먼저 생긴 섬일까? 바로 가장 북서쪽에 위치한 카우아이섬이야.

이렇게 움직이지도, 쉬지도 않고 마그마를 내뿜는 열점 덕분에 하와이 바닷속에서는 '로이히'라는 막내 섬이 자라고 있단다. 마치 엄마 배 속에서 아기가 자라듯이 말이야.

지금 로이히는 하와이섬의 남동쪽 바다 깊은 곳에서 서서히 자라고 있어. 시간이 지나면 바다 위로 삐죽 고개를 내밀게 될 거야. 그리고 약 5~6만 년쯤 뒤에는 지금의 하와이 킬라우에아산 분화구에서 나오는 용암이 로이히로 옮겨 가게 될 거란다.

3 불카 게스트하우스의 페페

"아하하함."

페페가 안내 데스크에서 기지개를 켜며 늘어지게 하품을 했다. 벌써 두 시간째 페페 앞으로는 개미 한 마리 지나가지 않았다.

페페네 할머니가 운영하는 불카 게스트하우스는 하와이 화산 박물관에서 얼마 떨어지지 않은 곳에 위치하고 있다. 덕분에 일 년 내내 이곳을 찾아오는 관광객들로 북적거렸다. 하지만 이렇게 화창한 날 한낮에 숙소를 어슬렁거리며 귀한 시간을 허비할 바보는 거의 없었다. 그건 할머니도 페페도 잘 아는 사실이었다. 하긴 그러니까 할머니가 페페에게 자리를 맡기고 얀휴 할머니네 집에 놀러 가신 거겠지만.

"쳇! 이럴 줄 알았으면 괜히 나왔지 뭐야?"

페페는 배가 아프다는 핑계를 대고 첫 번째 수업이 다 끝나기도 전에 집으로 돌아와 버렸다. 원래 계획대로라면 방에 누워 뒹굴며 숨겨 놓은 만화책이나 꺼내 보고 있었을 것이다. 그런 상상을 하니 어찌나 신이 나던지, 저도 모르게 노래를 흥얼거리며 골목길을 날아오를 듯 뛰어 내려가다가 할머니에게 딱 걸리고 말았다. 물론 아파서 조퇴했다는 핑계는 통하지 않았다. 최대한 불쌍한 표정을 지으며 빠져나가려고 해 봤지만 소용없는 일이었다.

'내가 돌아오기 전에 혹시 오후에 예약된 손님들이 올지도 모른다. 그럼 2층 가장 안쪽 213호 열쇠를 주면 돼.'

페페는 할머니의 말을 떠올리며 이런저런 꾀를 부려 보기도 했다. 노트에서 종이 한 장을 뜯어 '오후에 온다고 한 손님은 이 열쇠를 가지고 2층 가장 안쪽에 있는 213호로 가시오!'라고 적어 보기도 했다.

페페는 그 종이를 열쇠와 함께 올려놓고 참을 수 없는 따분함에서 벗어나고 싶었다. 하지만 왠지 그래서는 안 될 것 같았다. 아니, 사실은 별로 내키지가 않았다. 가장 큰 이유는 그러고 나가 봤자 놀아 줄 친구가 없다는 점이다. 페페가 아는 한 페페를 제외한 마을 아이들 모두가 어른들이 만든 그럴싸한 속임수에 보기 좋게 걸려들어 있었다. 페페가 생각하는 속임수란 '제1회 킬라우에아 화산 어린이 퀴즈 대회'였다.

최신 휴대 전화와 노트북 컴퓨터가 상품으로 걸린 탓에 모두들 1등을 목표로 눈에 불을 켜고 공부를 했다. 페페는 그래 봤자 상품을 탈 수 있는 아이들 몇몇을 빼고는 모두 들러리가 될 거란 걸 알고 있었다. 그러다 보니 일찌감치 대회 참가를 거부한 페페만이 친구들 사이에서 왕따 아닌 왕따가 되어 가고 있었다.

사실 대회가 열린다는 소식이 처음 알려졌을 때, 페페의 부모님은 자신들이 뽑은 예상 문제를 들이밀며 우승컵을 든 자랑스러운 딸의 모습을 상상했다.

"페페야, 땅속에 있던 마그마가 산꼭대기에 구멍을 뚫고 솟아오르면서 화산이 폭발한단다. 자, 그 구멍을 뭐라고 하지?"

"마그마가 나오는 구멍이면……, 칼데라요!"

페페가 자신 있게 대답했다.

"아니지. 다시 잘 생각해 보렴. 칼데라는 이 구멍이 여러 개 들어 있을 수 있는 훨씬 큰 구덩이야."

"음, 그게 하와이에도 있어요?"

"물론이지."

"그럼 호수? 온천? 아, 아니다. 용암 동굴! 아니면 섬?"

아빠의 표정을 살피는 페페의 목소리가 점점 더 작아졌다.

"휴, 킬라우에아 칼데라 속에 있는 구멍 말이다. 킬라우에아 이키 이것과 할레마우마우 이것이 있잖니!"

페페는 아빠의 호통에 겁을 잔뜩 집어먹은 표정으로 고개를 저으며 눈물을 글썽거렸다.

"흑흑, 모르겠어요."

"으윽! 어떻게 '분화구'를 모를 수가 있지?"

페페는 킬라우에아 화산을 놀이터 삼아 자랐다. 그런 페페가 분화구를 모를 리 없었다. 단지 그 따분한 퀴즈 대회에 시간을 허비하고 싶지 않아서 꾀를 냈을 뿐이었다.

그 뒤에도 페페는 아빠가 내는 문제의 답을 요리조리 피해 가며 아빠를 절망에 빠뜨렸다. 이쯤 되자 페페의 아빠는 더 이상 우승컵이니 뭐니 하는 쓸데없는 상상을 하지 않았다. 페페는 이제야 벗어났다며 속으로 콧노래를 불렀다.

"꼬마야, 어른들 안 계시니?"

낯선 목소리가 페페에게 솔솔 밀려들던 낮잠을 단번에 쫓아 버렸다. 페페가 정신을 차리려고 고개를 흔들자 검은 물체가 눈에 들어왔다. 머리에서 발끝까지 온통 검은색으로 차려입은 두 사람을 보며 페페는 하와이와는 절대 어울리지 않는 옷차림이라고 생각했다.

"어른들은 안 계세요. 혹시 방을 예약하고 오후에 오시기로 한 분들인가요?"

"그래, 맞아."

"아하함~ 이제야 오셨군요? 여기 열쇠요. 2층 213호로 가세요."

"저, 근데 말이다. 네가 알지 모르겠는데 우린 되도록 아주 조용하고 구석진 방을 원했단다."

"음, 방은 원래 사람처럼 시끄럽지 않아요. 게다가 그 방은 제가 알기론 저희 집에서 가장 구석진 곳에 있어요. 다른 손님들이 그 방 근처에 갈 일은 거의 없을 거예요."

"그래? 그렇다면 다행이구나."

열쇠를 집어 든 남자들은 가방을 챙겨 계단으로 향했다.

페페는 드디어 할머니가 맡긴 임무를 무사히 마쳤다고 생각하니 마음이 한결 가벼워졌다. 페페는 할머니가 오시기 전에 당장 그곳을 떠날 생각이었다. 그런데 뜻하지 않은 방해꾼이 생겼다.

"꼬마야!"

페페를 꼬마라고 부른 사람은 오름이었다.

"지금 막 깜장 중절모랑 007가방이 여기로 들어가는 걸 봤는데, 방을 줬니?"

오름이가 주위를 살피며 모기만 한 소리로 물었다.

"깜장 중절모랑 007가방? 모자랑 가방이 저절로 걸어 들어왔다고?"

페페는 자신을 꼬마라고 부른 또 다른 꼬마에게 일부러 큰 소리로 물었다. 페페는 이 예의 없는 꼬마가 말한 모자와 가방이 조금 전에 열쇠를 받아 가지고 간 사람들이란 걸 단번에 알 수 있었다.

명 탐정이 나섰다.

"쉿! 애야, 우리는 방을 하나 얻으려고 한단다."

"방요? 글쎄요? 남은 열쇠가 있는지 찾아보죠."

페페가 시큰둥하게 말하자 아 조수가 조용히 덧붙였다.

"되도록 조용하고 구석진 방이면 좋겠어."

아 조수의 경험상 탐정 일은 될 수 있는 한 비밀스럽게 이루어지는 게 좋았다.

"흠, 오늘은 정말 이상한 날이군. 왜 다들 조용하고 구석진 방을 원하는 거지?"

오름이는 페페가 중얼거리는 소리를 놓치지 않았다.

"깜장 중절모랑 007가방도 조용하고 구석진 방을 달랬어?"

"오름아, 쉿!"

명 탐정이 오름이에게 경고를 보냈다. 그 순간 아 조수와 오름이는 비밀스런 눈빛을 주고받으며 안도의 한숨을 쉬었다.

"여기요! 이게 우리 집에 남은 마지막 열쇠예요. 저 계단을 통해 2층

207호로 가세요."

오름이와 아 조수는 열쇠를 든 명 탐정을 앞세우고 일부러 조금 뒤쳐져 따라갔다.

"형! 정말 다행이야. 형이 선택한 사람들이 우리가 쫓던 용의자가 맞는 거 같아."

"흐흐, 이제 시작이야. 너도 내 밑에서 조금만 더 지내다 보면 내 눈썰미가 얼마나 대단한지 알게 될 거야."

오름이는 으스대는 아 조수를 보며 앞으로는 아 조수를 칭찬하는 말을 되도록 하지 말아야겠다고 생각했다.

그날 저녁, 페페는 할머니를 대신해서 잠시 안내 데스크를 지켜야 할 일이 생겼다. 아주 짧은 시간이었는데 마침 낮에 페페가 맞이한 두 방 손님이 번갈아 나타났다.

"꼬마야, 어른들 안 계시니?"

낮에도 어른들을 찾던 213호 손님들은 저녁에도 페페에게 여전히 어른들 타령이었다.

"보시다시피 저 혼자예요."

"그럼 뭐 좀 물어보자. 킬라우에아 칼데라가 여기서 얼마나 멀리 떨어져 있는지 아니?"

이곳을 찾아온 관광객들에게 가끔 듣는 아주 바보 같은 질문이었다. 그때마다 페페는 똑같은 대답을 해 주었다.

"가까운 곳은 가깝고 먼 곳은 멀죠."

이곳을 처음 찾은 사람들이 킬라우에아 칼데라의 길이가 약 5km에 이른다는 사실을 알 리 없었다.

두 사람은 서로의 얼굴을 마주 보았다. 그러더니 이내 두 번째 질문을 던졌다.

"아, 그렇구나. 그럼 이곳에서 킬라우에아 이키 분화구랑 할레마우마우 분화구 중 어느 곳이 더 가깝니?"

"그야 킬라우에아 이키 분화구가 훨씬 더 가깝죠."

213호 손님들이 던진 질문은 페페가 자주 들어 온 아주 흔한 질문이었다. 하지만 곧 이어진 207호 기분 나쁜 꼬마의 질문은 달랐다.

페페를 꼬마라고 불렀던 오름이는 이제 막 시작된 탐정 놀이에 푹 빠져 있었다. 첫날 저녁도 그날 하루쯤은 긴장을 풀고 그냥 맘껏 쉬라는 삼촌의 이야기를 뒤로하고 용의자들의 뒤를 밟았다. 그러다 용의자들이 페페와 이야기를 나누는 모습을 보게 된 거였다.

오름이가 주변을 살피며 조용히 물었다.

"꼬마야, 방금 올라간 저 아저씨들이 너한테 무슨 이야기를 했니?"

페페로서는 정말 황당한 질문이 아닐 수 없었다. 게다가 자신을 자꾸 꼬마라고 부르는 그 무례한 꼬마에게 슬슬 화가 나기 시작했다.

"킬라우에아랑 킬라우에아 이키, 할레마우마우에 대해 물었지."

오름이는 페페가 하는 말을 급히 노트에 받아 적었다.

"또? 또 다른 이야기를 한 건 없었어?"

"물론 했지. 아주 중요한 이야기!"

"그래? 그게 뭔데?"

"그걸 알고 싶으면 내가 내는 문제를 맞혀 봐. 그럼 알려 주지."

"뭐, 뭔데?"

페페는 오름이의 노트를 잡아채더니 두 문장을 적었다.

마그마는 (　)를 통해 밖으로 나온다.
화산 활동이 멈추고 오랜 시간이 지나고 나면 분화구보다 더 큰 구멍인 (　)가 생긴다.
하와이 킬라우에아 (　) 안에는 킬라우에아 이키 (　)와 할레마우마우 (　)가 있다.

오름이는 노트에 적힌 문장을 뚫어지게 바라보았지만 전혀 답을 알 수 없었다.

그날 저녁 불카 게스트하우스에서는 씩씩대며 콧김을 내뿜는 한 꼬마와 싱글거리며 그 모습을 지켜보는 또 다른 꼬마가 불편한 대결을 벌이고 있었다.

# 꼬마 탐정 오름이의 과학 노트

마그마와 용암은 같은 걸까?

 마그마랑 용암은 같은 거라고 생각하기 쉬워요. 하지만 사실 그 둘은 비슷하긴 해도 서로 달라요. 마그마는 땅속 깊은 곳에서 바위와 가스가 함께 녹아 있는 상태의 물질을 이르는 말이에요. 땅속은 온도가 매우 높기 때문에 녹아 있는 거예요. 그런 마그마가 땅 표면을 뚫고 올라와 흘러내리는 것을 용암이라고 해요. 마그마가 땅 위로 올라온 순간 함께 녹아 있던 가스는 공중으로 날아가 버리고, 남은 물질인 용암이 흘러내리는 거지요. 그러니까 땅속에 있을 때는 마그마, 땅 위로 올라온 뒤에는 용암이라고 부르는 거예요. 마그마와 용암의 공통점은 온도가 매우 높고 액체 상태로 되어 있다는 점이랍니다.

분화구와 칼데라, 어떻게 다를까?

 마그마와 용암처럼 분화구와 칼데라도 비슷해 보이지만 서로 다르답니다. 화산이 폭발하면 마그마가 지표면을 뚫고 나오면서 구멍이 생겨요. 그 구멍으로는 화산재와 화산 가스도 함께 땅 위로 올라오게 되지요. 이렇게 화산 꼭대기에 생긴 커다란 구멍을 분화구라고 해요. 분화구를 통해 땅속에 고여 있던 마그마가 모두 나오고 나면 분화구 바로 아래, 화산 밑에는 텅 빈 공간이 생기지요. 시간이 지나고 또 지나면 그 빈 공간으로 위쪽의 화산이 조금씩 무너져 내려서 분화구보다 훨씬 큰 구덩이가 생기는데, 이게 바로 칼데라랍니다.

  분화구의 지름은 보통 수십 미터에서 수백 미터에 이르고 칼데라의 지름은 그보다 훨씬 커요. 하와이의 킬라우에아 칼데라만 해도 지름이 5km에 이른다고 하니 얼마나 큰지 알 수 있을 거예요. 분화구와 칼데라에 빗물이 고이면 호수가 만들어져요. 분화구에 생긴 호수를 화구호, 칼데라에 생긴 호수를 칼데라호라고 해요. 둘 다 화산 꼭대기에 생긴 호수이지요. 우리나라 한라산 꼭대기에 있는 백록담이 화구호, 백두산 꼭대기에 있는 천지가 바로 칼데라호예요.

  그렇다고 모든 분화구와 칼데라에 물이 고여 호수가 생기는 것은 아니에요. 화산섬 울릉도에 있는 나리 분지는 분화구이지만 세계에서 드물게 호수가 없답니다.

천지가 만들어진 과정

백두산 꼭대기의 칼데라호인 천지는 어떻게 만들어졌을까?

화산이 폭발하여 분화구를 통해 용암이 솟아 나온 게 아니라, 땅의 갈라진 틈을 타고 곳곳에서 용암이 솟아 나와 넓고 평평한 땅을 이룬 것을 용암 대지라고 해. 백두산 주변의 백두산 용암 대지는 아주 유동성이 강한 현무암질 용암이 많이 흘러나와 평평한 땅을 이룬 거란다.

용암이 뿜어져 나와 넓고 평평한 용암 대지가 생긴다.

용암 대지에서 다시 폭발이 일어나 백두산이 솟아오른다.

분화구 아래 공간으로 산이 무너져 내려 칼데라가 생긴다.

칼데라에 빗물이 고여 칼데라호인 천지가 생긴다.

그 뒤에 용암 대지 위에서 다시 화산 분출이 일어났어. 이번에는 일반적인 화산 폭발처럼 분화구로 용암이 쏟아져 나왔어. 용암이 흘러 식으면서 점점 쌓여 백두산이 만들어졌지. 다시 시간이 흐른 뒤에 백두산에 분화구보다 훨씬 더 큰 칼데라가 생기고, 그 안에 빗물이 고여 칼데라호인 천지가 만들어졌단다.

화산 구분하기

화산과 화산이 아닌 산은 어떻게 알아볼 수 있을까?

한라산과 백두산은 화산, 지리산과 설악산은 화산이 아닌 산이야. 화산에는 분화구가 있고 화산이 아닌 산에는 분화구가 없다는 점이 가장 큰 차이점이지. 멀리서 보았을 때 삿갓 같은 모양이라면 화산일 가능성이 커. 또 다른 산들과 이어져 있지 않고 봉우리가 하나면 화산, 다른 산들과 이어져서 산맥을 이루고 있으면 화산이 아니야. 산맥은 산들이 길게 이어져 있는 것을 말해. 땅이 양쪽에서 미는 힘을 받아 물결 모양으로 솟아오르면서 봉우리들이 이어진 모양을 갖게 된 것이지. 지각의 갈라진 틈으로 마그마가 솟아 나와 생기는 화산과는 생겨난 원인이 다르단다.

화산은 생김새에 따라 구분하기도 해. 끈적거리지 않고 잘 흐르는 성질의 용암이 만든 화산은 순상 화산이라고 해. 경사가 완만하고 방패를 엎어 놓은 것처럼 생겨서 붙은 이름이지. 백두산을 예로 들 수 있어. 끈적거리는 용암이 멀리 흐르지 못하고 분화구 부분에 볼록하게 쌓여 만들어진 화산은 종 모양으로 생겨서 종상 화산이라고 부르지. 삿갓 모양으로 경사가 급한 화산은 성층 화산이라고 한단다. 용암과 다른 화산 분출물이 번갈아 쌓여 생겼다고 해서 복합 화산이라고도 해. 일본의 후지산이 성층 화산이야.

4 하와이 화산 국립 공원에 도착하다

"지금이네. 신속하고 정확하게 임무를 수행하기 바라네."

경직된 명 탐정의 목소리가 아 조수와 오름이의 귓속에 울려 퍼졌다. 두 사람은 명 탐정의 목소리를 들을 수 있는 작은 무선 이어폰을 귀에 꽂고 있었다. 명 탐정의 명령이 떨어지기 무섭게 아 조수와 오름이는 조용히 방에서 나와 복도 끝 213호로 향했다.

아 조수가 손에 쥐고 있던 열쇠로 아주 가볍게 213호의 문을 열었다.

"우아! 진짜 된다!"

"쉿!"

아 조수가 오름이에게 조용히 하라는 손짓을 했다.

오름이는 이런 긴장감을 느끼는 건 처음이었다. 성적이 떨어지면 각오하라는 엄마의 엄포 속에서 시험을 치를 때에도 지금처럼 심장이 두근거리지는 않았다.

명령을 내린 명 탐정은 불카 게스트하우스의 식당에서 아침을 먹는 척하며 망을 보는 중이었다. 나머지 두 사람은 떨리는 마음으로 용의자들의 방 안을 둘러보고 있었다.

아 조수가 말했다.

"흠, 다행이야. 얼핏 보기에도 놈들은 우리가 쫓던 그 용의자들이 맞는 것 같아."

 오름이 생각도 그랬다. 이 방에 들어와 보기 전까지만 해도 오름이는 공항에서 놓친 또 다른 깜장 중절모와 007가방이 자신들이 쫓던 용의자들이었을지도 모른다는 생각을 떨칠 수가 없었다. 하지만 이제 그런 생각을 버리기로 했다.

 "우아, 화산 사진으로 온통 도배를 해 놨네?"

 "그뿐이 아니야. 여기 화산과 관련된 책들 좀 봐. 보통 관광객이라면 관광 안내서 한 권이면 충분하지 않겠어?"

 아 조수가 탁자에 쌓인 책들을 펼쳐 보며 슬며시 미소를 지었다.

 "자, 어서 서두르자. 단서가 될 만한 것이라면 뭐든 좋아."

두 사람은 바삐 움직였다. 20~30분 내에 놈들이 멀티 화산 시스템 연구 자료를 어디로 빼돌리려고 하는지 알아내는 게 두 사람에게 주어진 임무였다.

하지만 그건 절대 쉬운 일이 아니었다. 처음엔 방 안에 들어가기만 하면 누워서 떡 먹기보다 쉬울 거라고 자신했던 아 조수도 점점 초조해지는 듯했다. 결국 20여 분이 지나도록 두 사람은 아무것도 알아내지 못했다.

"놈들이 식사를 거의 다 했어. 이제 슬슬 마무리를 하게."

명 탐정의 목소리였다.

"안 돼! 뭐라도 좋으니 좀 나와라!"

아 조수가 조심스럽지만 바쁜 손놀림으로 이곳저곳을 뒤졌다.

"이제 그만 나오게. 놈들이 방으로 올라갈 모양이야."

명 탐정의 목소리가 귓속에 울려 퍼졌다.

그때였다.

"그래! 이거야!"

탁자 위에 놓인 노트를 뒤적이던 아 조수가 초소형 사진기를 꺼내더니 급히 종이 한 장을 찍었다. 그러더니 오름이의 손을 잡고 밖으로 빠져나왔다.

"서두르게! 서둘러!"

명 탐정의 다급한 목소리를 들으며 아 조수는 떨리는 손으로 겨우 문을 잠갔다. 그리고 두 사람은 황급히 복도 끝 자신들의 방으로 뛰어 들어갔다. 두 사람이 방으로 들어가기 무섭게 213호의 손님들이 2층 복도

에 모습을 드러냈다.
 얼마 뒤 명 탐정이 방 안으로 들어왔다.
 "수고 많았네. 무슨 단서라도 찾았나?"
 명 탐정의 물음에 아 조수가 사진기로 찍은 내용을 뽑아 건넸다. 그 종이에는 이런 글이 적혀 있었다.

> 화산이 분출할 때 나오는 기체 상태의 물질에는 (   ),
> 액체 상태의 물질에는 (   ),
> 고체 상태의 물질에는 (   )이 있다.

"이게 뭔가?"

종이를 들여다본 명 탐정의 표정이 순간 일그러졌다.

"명 탐정님, 이건 무슨 암호가 분명합니다."

"암호?"

"네. 빈칸에 들어갈 단어들을 짜 맞추면 우리가 찾는 단서가 나오는 거죠. 이를테면 문서를 넘기기로 한 연구소의 이름이나 위치 같은 거 말입니다."

오름이는 아 조수가 처음으로 위대해 보였다.

"흠, 그렇다면 암호를 풀기 전에 자네가 빈칸에 들어갈 단어를 채워 보게. 오름이는 날 따라나설 준비를 하고."

명 탐정은 이렇게 말하고는 급히 가방을 챙겼다.

얼결에 혼자 남게 된 아 조수가 자신도 따라가면 안 되느냐고 몇 번이나 물었지만 명 탐정은 허락하지 않았다. 오히려 자신이 돌아올 때까지 문제를 풀어 놓으라는 따분한 임무를 맡겼다.

명 탐정과 오름이가 투덜거리는 아 조수를 뒤로하고 다다른 곳은 하와이 화산 국립 공원이었다.

"이곳에서 조금만 기다리면 놈들이 모습을 나타낼 거다."

명 탐정이 가리킨 곳은 국립 공원의 방문자 센터였다. 방문자 센터 주변은 온통 검은색 돌로 둘러싸여 있었다. 제주도 곳곳에서 현무암으로 만들어진 돌하르방을 볼 수 있듯이, 하와이 화산 국립 공원 역시 입구에서부터 화산의 흔적을 쉽게 찾을 수 있었다. 오름이는 제주도에서 봐 온 낯익은 풍경 덕분에 잠시 고향에 온 것 같은 반가운 기분이 들었다.

명 탐정은 아침 식사를 하면서 용의자들이 이곳에 간다며 주고받는 말을 들었다고 했다. 그리고 정말 명 탐정의 말대로 얼마 뒤 용의자들이 나타났다.

"놈들이 모습을 나타냈구나. 이제 우리도 움직일 준비를 하자."

오름이는 바짝 긴장을 했다. 아 조수가 없으니 자신이 삼촌 곁에서 아 조수의 역할까지 충실히 해내야 한다는 생각이 들었기 때문이다. 하지만 얼마 지나지 않아 오름이는 그런 생각은 잊어버렸다.

용의자들은 평범한 관광객처럼 보였다. 그들을 따라가는 명 탐정과 오름이 역시 누가 보아도 관광객과 다를 게 없었다. 하지만 명 탐정은 그들에게서 한시도 눈을 떼지 않았다.

"삼촌, 땅에서 연기가 나와요."

오름이가 가리킨 곳에는 땅속에서 하얀 김이 나오고 있었다.

"저건 연기가 아니라 수증기란다. 땅속으로 물이 스며들고 난 뒤 마그마가 그 물을 뜨겁게 끓여서 밖으로 내보내는 거지. 비가 온 다음 날 수증기가 더 많이 나온단다."

명 탐정은 하와이에 오기 전까지 밤낮을 가리지 않고 하와이 화산에 대해 공부를 했다. 적어도 이제는 심각해 소장을 처음 만난 날, 마그마와 맨틀 때문에 등골이 서늘해졌던 명고난 탐정이 아니었다.
  명 탐정과 오름이는 용암이 굳어서 현무암으로 변한 검은 땅 위를 걷고 또 걸었다. 제주도와 달리 하와이의 검은 땅은 쉬지도 않고 열기를 뿜어냈다.
  "헥헥, 삼촌! 더워요."
  "조금만 참아라. 이제 거의 다 온 것 같으니 말이야."
  명 탐정이 오름이에게 물병을 내밀며 말했다.

명 탐정은 앞쪽에서 부는 바람에 실려 오는 열기가 점점 더 뜨거워지고 있다는 것을 느꼈다. 그건 얼마 떨어지지 않은 곳에 붉은 용암이 있다는 것을 뜻했다.

"와, 세상에! 대단한데!"

땅만 보고 힘없이 걷던 오름이에게 사람들의 환호성이 들려왔다. 그 순간 오름이는 자기도 모르게 무거웠던 발걸음이 새털처럼 가벼워지는 것을 느꼈다. 오름이는 사람들이 몰려 있는 곳으로 뛰어갔다.

"우아!"

오름이의 눈앞에 펼쳐진 것은 붉은색 강이었다. 서서히 흐르는 용암이 강물처럼 낮은 곳을 향해 흘러가고 있었다.

"이런 멋진 광경을 못 보다니……. 아수록 형이 불쌍해요."

"쯧쯧, 그러게 말이다. 우리와 함께 왔더라면 엉터리 암호를 좀 더 쉽게 풀어낼 수 있었을 텐데 말이다."

"엉터리 암호요?"

"그래, 화산이 내놓는 세 가지 상태의 물질들 말이다."

오름이는 삼촌이 말하는 암호가 아 조수가 풀고 있을 암호를 말한다는 것을 알 수 있었다. 그리고 보니 오는 동안 보았던 현무암, 수증기, 그리고 지금 눈앞에 흐르고 있는 용암이 그 암호일 수도 있다는 생각이 들었다.

"삼촌, 우리가 오면서 본 것들이랑 상관이 있어요?"

"그래. 화산이 분출하면 나오는 기체 상태의 물질에는 화산 가스가 있지. 아까 보았던 수증기도 여기 포함된단다."

"아, 그럼 저 붉은 용암은 화산이 분출할 때 나오는 액체로 된 물질이군요. 그렇죠?"

"그렇지. 화산이 폭발하면 시커먼 화산재와 돌덩어리들이 쏟아지기도 한단다. 화산 분출과 함께 나오는 고체로 된 물질은 바로 그런 화산재와 화산 암석 조각을 말하지."

명 탐정은 아 조수가 가져온 종이를 보았을 때 이미 빈칸에 들어갈 답을 알고 있었던 것이다. 오름이는 비로소 아 조수가 가지고 온 종이가 별로 중요한 단서가 되지 않는다는 걸 깨달았다. 그리고 아까 아 조수를 위대하게 여겼던 것을 후회했다. 또 한편으로는 아 조수가 더욱 불쌍해졌다. 오름이는 부디 아 조수가 삼촌이 원하는 답을 준비해 놓았기를 바랐다.

오름이가 사람들 틈에 끼어서 화산이 만들어 낸 풍경을 감상하는 동안 명 탐정은 용의자들의 행동이 이상하다는 걸 알아챘다.

"오름아, 놈들이 이상하다."

오름이가 명 탐정의 외침에 고개를 들었을 때 명 탐정은 이러지도 저러지도 못한 채 어정쩡하게 서 있었다. 명 탐정은 오름이에게 서로 다른 두 곳을 가리켰다. 그곳에는 서로 다른 방향으로 사라져 가는 용의자들이 있었다. 오름이와 명 탐정이 어쩔 줄 몰라 망설이는 사이에 두 사람의 뒷모습은 점점 작아져 시야에서 사라지고 있었다.

꼬마 탐정 오즘이의 과학 노트

화산이 폭발할 때 나오는 분출물

'펑!'
화산이 폭발하는 순간 사방으로 퍼진 화산재가 하늘을 가득 덮었어요. 하늘로 솟아올랐던 화산 암석 조각도 우박처럼 다시 아래로 떨어져 내렸어요. 땅 위로 올라온 마그마는 뜨겁고 시뻘건 용암이 되어 흐르기 시작했지요. 온 세상이 매캐한 화산 가스로 채워져 숨이 막히는 것 같았답니다.

위의 글처럼 화산이 폭발하면 여러 상태의 물질들이 나와요.
기체 상태의 화산 가스, 액체 상태의 용암, 고체 상태의 화산재와 화산 암석 조각 등이 바로 화산이 폭발할 때 나오는 화산 분출물이에요. 고체 상태의 물질은 용암이 차가운 공기와 만나 식으며 만들어지지요. 화산재는 고운 가루예요. 돌가루나 흙먼지처럼 가벼워서 바람을 타고 아주 멀리까지 날아가기도 해요. 화산 암석 조각의 크기는 매우 다양하답니다.

화산 활동이 만들어 낸 암석

제주도에 가면 여기저기서 돌하르방을 쉽게 볼 수 있어요. 돌하르방은 구멍이 숭숭 뚫린 현무암으로 만들어져 있지요. 실제로 제주 땅의 90%가 검은 현무암으로 덮여 있을 만큼 제주도에서는 현무암을 흔히 볼 수 있답니다. 현무암은 화강암과 함께 화성암의 한 종류예요. 화성암은 마그마가 식어 만들어진 암석을 말해요.

현무암과 화강암은 대표적인 화성암이지만 둘은 만들어진 장소부터 크게 달라요. 현무암이 마그마가 지표 부근에서 식어서 굳은 암석이라면 화강암은 마그마가 땅속 깊은 곳에서 식어서 된 암석이에요.

현무암에는 커다란 구멍이 숭숭 뚫려 있어요. 가스가 빠져나가고 흔적이 남은 거예요. 뜨거운 땅속에 있던 마그마가 땅 위로 올라오면서 차가운 공기와 만나 가스가 급히 빠져나가면서 구멍이 만들어졌지요. 화강암은 깊은 땅속에서 천천히 만들어진 덕분에 가스가 빠져나간 구멍이 현무암처럼 크지 않아요.

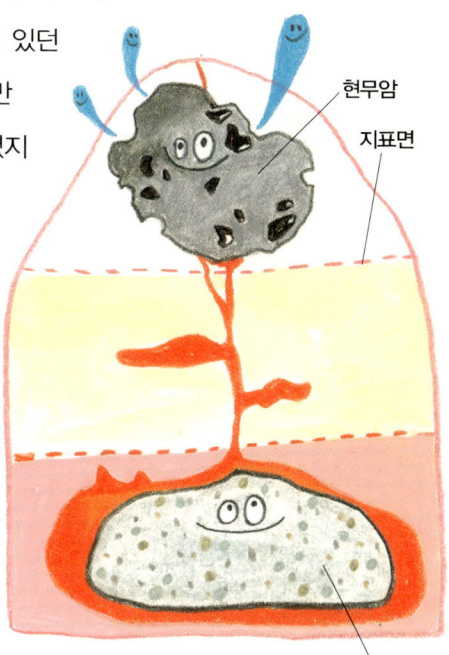

화강암과 현무암은 알갱이의 크기도 달라요. 현무암은 빠르게 식어 만들어지느라 알갱이가 무척 작은데 반해, 화강암은 천천히 식으면서 만들어졌기 때문에 알갱이가 큰 편이랍니다.

명탐정의 과학 지식 쫓기

킬라우에아 화산

킬라우에아 화산은 하와이의 여러 섬 중에서도 가장 큰 섬인 하와이섬에 있어. 하와이섬의 주요 화산으로는 북쪽의 마우나케아산과 중앙의 마우나로아산이 있어. 그리고 남동쪽에 킬라우에아 화산이 위치하고 있단다.

킬라우에아 화산은 처음 분화가 시작되고 많은 시간이 흘렀지만 지금까지도 용암을 쏟아내고 있어. 세계에서 가장 활발히 활동하는 화산 중 하나이지. 한때는 킬라우에아 화산을 '세계에서 가장 안전한 화산'이라고 부르기도 했어. 용암이 땅 위로 조용히 흘러나왔기 때문이지. 물론 늘 그랬던 것은 아니야. 1983년에는 분화구에서 용암이 분수처럼 솟아올랐고, 2018년 폭발 때에는 용암이 700m까지 솟아올랐지.

하와이섬에는 화산 국립 공원이 있는데, 바로 킬라우에아 화산을 중심으로 이루어져 있어. 공원 안을 다니며 화산 지형을 두루 살펴볼 수 있지. 물론 안전할 때만 관람이 가능해. 공원 안을 다니며 화산 지형을 두루 살펴보고 나면, 살아 있는 화산이 주는 생동감을 온몸으로 느낄 수 있단다.

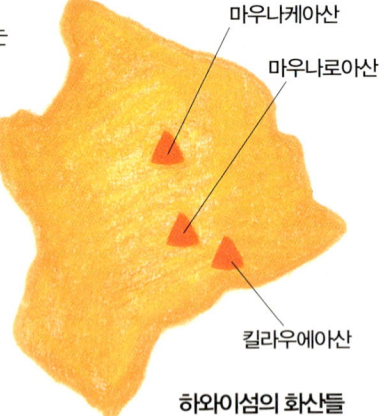

하와이섬의 화산들

강물처럼 흐르는 용암

　용암이 흐르다 굳어서 된 검은 땅은 현무암으로 이루어져 있어. 용암이 굳은 땅 표면을 자세히 보면 두 가지 모양으로 나뉜다는 걸 알 수 있어. 반질반질 매끄럽게 굳은 것과 표면이 매우 거칠게 굳은 것이지. 하와이 원주민 말로 반질반질 매끄러운 용암은 '파호이호이', 거친 용암은 '아아'라고 한단다. 같은 용암인데 왜 이렇게 차이가 나는 걸까? 그건 바로 용암의 온도가 다르기 때문이야.

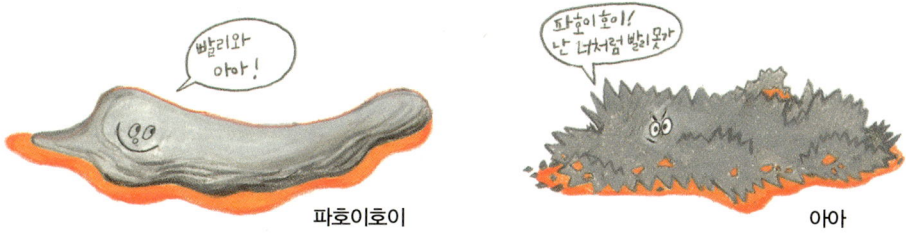

파호이호이　　　　　　　　　　　　아아

　파호이호이는 온도가 매우 높아. 이렇게 온도가 높은 용암은 흐르는 속도가 빠르지. 빠르게 흐르다 보니 표면은 반질반질하고 두께는 얇게 굳는단다. 아아는 온도가 낮은 용암이야. 온도가 낮은 용암은 흐르는 속도가 비교적 느리기 때문에 두껍게 쌓이며 식어서 표면이 거칠거칠해. 파호이호이의 최고 온도는 무려 1200℃나 돼. 이렇게 높은 온도의 파호이호이가 식어서 굳는 데는 10여 분밖에 걸리지 않는단다.

5 유황 연기 속에서 정신을 잃다

"이제 정신이 드니?"

오름이가 눈을 떴을 때 눈앞에 가장 처음 보인 사람은 어디서 낯이 익은……, 바로 불카 게스트하우스에서 자신을 시험했던 꼬마 여자아이였다.

"아, 우리 삼촌은?"

"삼촌? 글쎄? 일단 내가 우리 게스트하우스에 너랑 함께 묵고 있는 사람들에게 메모를 남겨 놓았어. 아마 사람들이 메모를 본다면 네가 괜찮다는 걸 알게 되었을 거야."

오름이는 일단 안심이 되었다.

"여기가 어디야?"

"하와이 화산 국립 공원 응급 센터야. 네가 이 근처에서 쓰러졌던 건 기억하지?"

페페의 말을 듣고 보니 정신을 잃기 전의 상황이 떠올랐다.

삼촌은 서로 다른 방향으로 사라져 가는 용의자들을 보고 어쩔 줄 몰라 하다가 결국 한 사람을 택해 급히 뒤를 따라갔다.

"오름아, 넌 여기 사람들과 있다가 숙소로 돌아가라. 알겠지?"

오름이는 삼촌의 말을 똑똑히 들었지만 그 말을 따를 수는 없었다. 누가 뭐라고 해도 자신은 꼬마 탐정의 신분으로 그곳에 오게 된 데다 마침 그곳에 없는 아수록 형의 몫을 해내야 한다고 생각했기 때문이다.

오름이는 삼촌이 쫓아간 용의자와 다른, 또 다른 용의자를 쫓아 검은 땅을 급히 밟아 나갔다.

얼마쯤 갔을까? 눈치채지 못하게 조심스럽게 따라붙었다고 생각했을 때 바로 앞 땅속에서 하얀 연기가 폴폴 솟아나는 게 보였다.

'마그마가 만들어 내는 수증기일 뿐이야.'

연기 때문에 오름이의 시야가 점점 흐려졌다. 게다가 어디선가 날아오는 매캐한 냄새 때문에 자꾸 기침이 났다.

"캑캑! 캑캑캑!"

오름이는 손으로 입과 코를 틀어막았다. 하지만 냄새는 점점 심해졌다. 속이 매스껍고 토할 것만 같았다.

'으윽, 안 돼! 이러다간 들키고 말겠어.'

오름이는 있는 힘을 다해 기침을 참았다. 그런데 그럴수록 정신이 점점 흐려지는 것을 느꼈다.

'아아……'

"애야, 애야, 왜 그러니? 눈을 좀 떠 봐!"

오름이는 누군가 자신에게 뛰어와 큰 소리로 자신을 부르는 것을 느꼈지만 그대로 정신을 잃고 말았다.

오름이가 페페에게 물었다.

"너였어? 내가 쓰러질 때 나를 불렀던 사람이?"

"아니, 난 네가 이곳으로 급히 실려 오는 걸 보고 따라 들어왔는데?"

'그럼 누구였지?'

오름이가 깨어나자 응급 센터를 지키는 의료진이 다가와 몇 가지를 확인했다. 그러고는 돌아가도 좋다고 말했다.

오름이는 페페와 함께 응급 센터를 나와 숙소로 향했다.

"쓰러지기 전에 하얀 연기를 봤지? 네가 본 건 수증기가 아니라 유황 연기였어. 그걸 오래 마시면 토할 것 같고 머리가 아파. 또 너처럼 약

한 아이들은 잠시 정신을 잃기도 하지."

오름이는 페페의 말에 자존심이 상했다.

"그런데 넌 왜 거기 있었던 거야?"

"학교에서 자연 학습을 왔다가 몰래 도망치던 길이었어."

페페가 아무렇지도 않게 말했다.

"그 길로 가면 시간이 한참 걸려. 날 따라와. 저쪽에 나만 아는 지름길이 있거든."

페페는 오름이를 낯선 길로 안내했다. 아니, 오름이가 보기에 아무리 둘러보아도 그곳에는 길이 없었다.

"왜 이상한 데로 가는 거야?"

"여긴 이상한 데가 아니야. 원래 가장 큰 도로가 있던 곳이라고. 킬라우에아 화산 푸우오오 분화구에서 흘러내린 용암이 도로를 덮쳐서 길이 없어진 거야."

페페 말대로 주위는 온통 용암이 굳어서 된 검은 현무암으로 덮여 있었다.

"으아, 정말 무서웠겠다."

"내가 태어나기 전이라 직접 보지는 못했지만, 할머니 말씀으로는 하나도 무섭지 않았대. 그나저나 내가 학교를 졸업하기 전에 이 근처에서 또 한번 엄청난 폭발이 있어야 할 텐데······."

오름이는 페페가 하는 말이 무슨 뜻인지 도무지 알 수 없다는 표정을 지었다.

"그래야 학교가 이사를 갈 테니까. 난 학교 건물보다 더 긴 트레일러 차

에 학교 건물이 통째로 실려 가는 모습을 보는 게 소원이거든. 생각만 해도 웃기지 않니?"

페페는 이렇게 말하며 큰 소리로 웃어 댔다.

"네가 무슨 말을 하는 건지는 모르겠지만 멀티 화산 시스템에 관한 연구가 성공을 거두면 가능할 수도 있겠다."

"멀티 화산 시스템?"

"응. 잠자고 있는 화산의 폭발을 앞당길 수 있는, 뭐 그런 거야."

"뭐라고? 정말 그런 게 있어?"

페페가 내지른 소리가 어찌나 큰지 킬라우에아 화산을 통째로 뒤흔드는 것 같았다.

오름이가 탐정 준수 사항 제1조(의뢰받은 사건의 내용을 누구에게도 말하지 않는다.)를 어긴 그 순간, 명 탐정의 방에서는 아 조수가 핀셋을 들고 퍼즐 게임에 푹 빠져 있었다.

"오케이! 명 탐정님, 이제 조금만 있으면 문장이 완성될 것 같아요."

아 조수의 목소리가 한층 높아졌다. 명 탐정은 보고 있던 책에서 눈을 떼지 않은 채 무심하게 대답했다.

"그래? 그거 다행이군."

명 탐정이 용의자를 쫓다가 아무 단서도 얻지 못하고 숙소로 돌아왔을 때, 아 조수는 명 탐정이 남기고 간 임무를 무사히 마친 직후였다. 물론 페페 할머니의 도움이 아니었더라면 어림도 없었을 테지만, 아 조수는 명 탐정에게 그런 사실을 알리지는 않았다.

명 탐정이 쫓았던 용의자는 지도를 보며 킬라우에아 이키 분화구를 찾아갔다. 그리고 아주 여유롭게 분화구를 둘러보더니 다시 숙소로 돌아왔다. 그게 다였다.

명 탐정과 아 조수가 돌아오지 않는 오름이를 찾아 밖으로 나가려던 차에 페페 할머니에게서 페페가 오름이를 데리고 올 거라는 소식을 전해 들었다. 명 탐정은 오름이가 무사하다는 말에 한시름 놓았고 아 조수는 왠지 두 사람에게 미안한 마음이 들었다.

그래서 그랬을까? 아 조수는 명 탐정이 시키지도 않은 일을 꾸몄다. 어디서 구했는지 청소부 복장을 하고 나타나더니 용의자의 방으로 들어가는 것이었다. 그러고는 잠시 뒤 쓰레기 봉투를 들고 나왔다. 아 조수는 곧바로 그 방 휴지통에서 거둬들인 찢어진 종잇조각들을 탁자 위에 쏟아 놓았다.

"놈들이 눈치챈 건 아니겠지?"

"명 탐정님, 걱정 마십시오. 놈들이 무언가 중요한 이야기를 나누는 것 같다가 제가 들어가니 입을 다물더군요. 그러더니 제게 다음번엔

자기들이 없을 때 청소를 해 달라고 부탁하던걸요?"
 아 조수는 곧바로 종잇조각을 맞추는 퍼즐 게임을 시작했다.
 "산불, 산사태……, 그리고 이건 뭐지? 무슨 발전?"
 아 조수는 한 시간이 넘도록 끈기 있게 퍼즐을 맞췄다. 단어 하나하나가 모습을 드러낼 때마다 아 조수는 기쁨에 겨워 주먹을 불끈 쥐었지만 명 탐정은 그 반대였다. 아 조수가 말하는 단어들을 듣다 보니 이번에도 왠지 중요한 단서가 될 것 같지는 않았기 때문이다.
 곧 아 조수의 퍼즐 게임이 끝났다.
 "야호! 명 탐정님, 다 됐어요."

명 탐정은 탁자 위에 조심스레 놓인 종잇조각들 위로 얼굴을 바짝 가져갔다.

> 화산 활동은 산불, 산사태 등을 일으켜 인명과 재산 피해를 가지고 오지만 우리에게 관광지 개발과 같은 이로움을 주기도 한다.
> 화산 활동이 일어나는 주변에는 땅속에 스며든 지하수가 땅속 깊은 곳에 들어가 마그마에 의해 데워져 지표로 솟아 나오는 (　)이 많다.
> 또 마그마로 데워진 수증기로 (　) 발전을 일으키기도 한다.

"흠, 또 문제군. 뭔가 이상해."
"네? 뭐가요?"
"놈들 말이네. 한가하게 이런 퀴즈 게임이나 지어내고 있을 시간이 없을 텐데……."
명 탐정이 심각한 표정으로 말했다.
"혹시 정답을 맞히면……."
"자네, 또 쓸데없이 암호니 뭐니 할 거면 그만두게."
"읍!"

명 탐정의 말에 놀란 아 조수가 자신의 입을 틀어막았다.

방 안 분위기가 싸늘해진 그 순간, 오름이가 방문을 열고 들어왔다.

"삼촌! 형!"

"오름아! 어떻게 된 거냐? 정신을 잃고 쓰러졌다는 게 무슨 말이야?"

명 탐정이 걱정스런 표정으로 물었다.

"그게, 그러니까요."

오름이가 들고 있던 가방을 무심결에 탁자 위에 탁 하고 올려놓았다. 그러자 아 조수의 작품이 바닥으로 어지럽게 흩어졌다.

"오, 마이 갓!"

오름이는 머리를 쥐어뜯으며 무릎을 꿇고 바닥에 주저앉는 아 조수의 모습을 보자 자신이 무언가 실수를 했다는 사실을 깨달았다.

"으윽, 내가 놈들이 남긴 단서를 찾으려고 오후 내내 힘들게 맞춘 건데. 흑!"

아 조수가 눈물이 그렁그렁 맺힌 눈으로 오름이를 보며 말했다.

"형, 미안해. 모르고 그랬어. 종잇조각이네? 뭔가 단서가 나왔어?"

아 조수가 바닥에 떨어진 종잇조각들을 주워 모으자 오름이도 덩달아 바닥에 주저앉았다.

"명 탐정님, 제 실수예요. 문장이 완성되자마자 노트에 적어 두는 건데 그랬어요. 이걸 또 맞추려면 시간이……."

"다시 맞출 필요 없네. 그건 어떤 단서도 아닌 것 같으니 말이야. 내 생각에 그건 그냥 화산에 대한 퀴즈일 뿐이네."

"퀴즈요?"

"그래. 한 문제는 화산 주변 땅속에서 솟아 나오는 뜨거운 물이 무언지에 대한 문제였어. 그리고 또 한 문제는 마그마로 데워진 수증기로 전기를 일으키는 발전을 말했지."

아 조수는 명 탐정이 무척 위대해 보였다. 그 짧은 시간에 두 문제를 머릿속에 정확히 새겨 둔 것은 정말 대단한 일 같았다.

"삼촌, 혹시 온천이랑 지열 발전을 말하는 거예요?"

"헉!"

아 조수는 순간 너무 놀라 딱 벌어진 입을 다물지 못했다.

'저 녀석, 정말 대단하군.'

아 조수는 처음으로 오름이에게 꼬마 탐정이란 호칭이 잘 어울린다는 생각이 들었다.

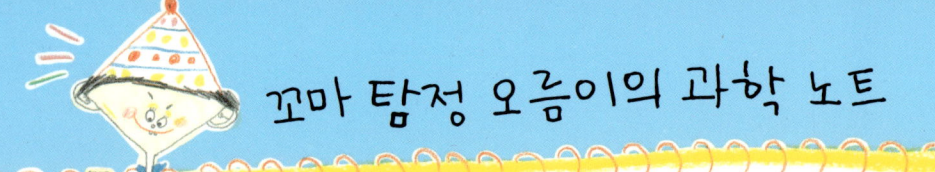
꼬마 탐정 오름이의 과학 노트

화산 활동이 주는 피해

화산 폭발로 인해 한 마을이 통째로 잿더미가 되어 버린 예는 어렵지 않게 찾아볼 수 있어요. 화산 폭발로 많은 사람들이 집과 재산을 잃고 목숨까지 잃게 되는 거예요. 피해를 입는 건 사람뿐만이 아니에요. 나무와 온갖 식물들, 동물들이 화산재에 묻히거나 흐르는 용암에 까맣게 타 버리기도 하지요.

커다란 폭발의 경우 화산재가 무려 1300km나 날아가기도 해요. 이런 폭발이 오랫동안 이어지면 하늘의 해를 덮고, 그로 인해 기상 변화가 생기기도 하지요. 평균 기온이 낮아지거나 여름인데 오랫동안 해를 가려 추워지기도 한답니다. 또한 바다에서 일어난 화산 활동은 주변에 커다란 파도를 일으키기도 해요. 큰 해일이 일어나면 집채만 한 파도가 마을을 덮쳐서 엄청난 재산과 인명 피해가 생기지요.

화산 활동이 주는 이익

화산 활동이 우리에게 해만 끼치는 것은 아니에요. 화산이 폭발하면서 생겨난 새로운 지형은 우리에게 이익을 주기도 하지요.

- 농사짓기에 좋아요.

화산재가 섞인 흙은 기름져요. 그래서 화산 주변의 땅은 농사를 짓기에 아주 좋아요.

- 온천이 발달해요.

 화산 주변에는 온천이 많아요. 온천은 땅속 깊은 곳으로 들어간 지하수가 뜨거운 마그마에 의해 데워진 뒤 다시 땅 위로 솟아 나와 생긴 거예요.

- 지열 발전에 이용해요.

 화산 지형에서는 땅속 깊은 곳의 열을 이용해서 전기를 일으킬 수 있어요. 이렇게 화산의 열을 이용한 발전을 지열 발전이라고 해요.

- 관광지가 발달해요.

 화산 활동으로 생긴 멋진 경치 덕분에 백두산, 한라산, 일본의 후지산, 하와이 등과 같은 관광지가 발달해요.

 이외에도 화산이 폭발하면 지구 내부 물질에 대한 정보를 얻을 수도 있고, 현무암, 유황 등을 관광 상품이나 생활에 이용할 수도 있답니다.

명탐정의 과학 지식 쫓기

역사상 유명한 화산 폭발

도시 전체를 타임캡슐에 가둬 버린 베수비오 화산 폭발

서기 79년 8월의 어느 날, 이탈리아 남부의 나폴리만 기슭에 있던 폼페이에 끔찍한 재앙이 찾아왔어.

기원전 8세기부터 번성한 고대 도시 폼페이는 앞으로는 푸른 지중해를 마주하고 뒤로는 베수비오산이 우뚝 선 로마 귀족들의 멋진 휴양 도시였지. 하지만 베수비오산이 엄청난 폭발을 일으켜, 도시는 흔적도 없이 사라져 버렸단다.

화산재에 묻힌 폼페이

베수비오산이 폭발하면서 가장 먼저 도시를 덮친 것은 엄청난 양의 화산재였어. 무려 3~6m 두께에 이르는 화산재가 폼페이 하늘을 뒤덮었다가 다시 땅으로 쏟아져 내렸지. 화산 폭발과 함께 찾아온 지진으로 독가스가 도시 전체에 퍼졌고, 몸을 제대로 가누지 못한 사람들은 도시를 빠져나가지 못해 화산재에 묻히게 된 거야. 얼마 뒤 폭발은 끝났지만 무시무시한 재앙은 다시 찾아왔어. 화산이 폭발한 뒤 내린 비가 화산재에 묻힌 도시 전체를 화산재 콘크리트 더미로 만들어 버렸지.

석회 가루에 물을 부으면 시멘트가 되어 딱딱하게 굳어 버리지? 바로 그와 같은 원리로 하늘에서 쏟아진 비는 두꺼운 화산재에 묻힌 사람들을 꼼짝 못하게 만들었어. 이렇게 폼페이는 도시 전체가 죽음의 감옥이 되어 버렸지. 그리고 약 1700년이 지난 뒤, 폼페이는 타임캡슐이 되어 우리에게 다시 찾아왔어. 수로 공사를 하던 중에 우연히 도시의 흔적이 발견되었고, 폼페이는 지금까지도 계속 발굴 중이란다.

어마어마한 화산재를 뿜어낸 세인트헬렌스 화산 폭발

1980년 5월 18일, 그즈음 몇 달 전부터 이상한 조짐을 보여 왔던 세인트헬렌스 화산이 드디어 폭발했어. 작은 지진이 여러 차례 일어나고 산 한쪽 면이 볼록하게 부풀어 오르는가 하면 화산재로 이루어진 버섯 구름이 자주 나타나더니 어마어마한 폭발이 일어난 거야.

9시간 동안 이어진 폭발로 주변은 암흑 속에 휩싸였고 화산재와 화산탄, 바위 등이 하늘 높이 솟았다가 아래로 쏟아져 내렸어. 산을 푸르게 뒤덮었던 나무들은 화산재 때문에 모두 한 방향으로 쓰러져 죽었지.

당시 폭발과 함께 쏟아진 화산재의 양은 5억 4000만 t에 이르렀다고 해. 수십, 수백 킬로미터 떨어진 곳까지 단숨에 날아가 크고 작은 피해를 입혔지.

미국에서 다섯 번째로 높은 산이었던 이 산은 폭발 이후 400m 정도가 날아가 버렸어. 그리고 지름 2km에 이르는 분화구가 생겼단다.

6 용의자의 손에 들어간 잠자리 스파이

'위이이이잉.'

공중에 떠오른 스파이가 내는 소리는 다행히도 213호 사람들의 주의를 끌지 못했다. 잠자리 스파이는 잠시 창턱에 내려앉았다

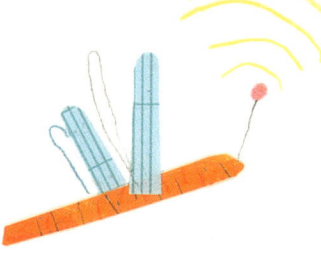

가 다시 날아올라 열린 창문 틈을 통해 방 안으로 무사히 들어갔다. 그리고는 명 탐정이 조종하는 대로 이리저리 옮겨 다니다가 적당한 위치를 잡은 듯 안쪽 창틀에 가만히 내려앉았다.

"됐어! 성공이야!"

"야호!"

명 탐정이 모니터를 보며 안도의 한숨을 내쉬자 오름이와 페페가 환호성을 질렀다.

명 탐정과 아 조수, 오름이와 페페가 들여다보고 있는 모니터는 잠자리 스파이가 보내오는 방 안 풍경을 보여 주고 있었다.

20분 전쯤 오름이를 찾아온 페페는 213호 손님들이 정체를 알 수 없는 커다란 상자를 가지고 방 안으로 들어갔다고 알려 주었다. 페페는 자신의 직감으로 보자면 그 상자의 정체가 이번 사건의 실마리를 푸는 데 중요한 단서가 될 거라며 호들갑을 떨었다.

오름이의 가벼운 입 덕분에 며칠 전 페페는 213호 손님들과 207호 손님들의 관계를 알게 되었다. 그런 뒤로는 학교가 끝나기 무섭게 불카 게스트하우스로 날아와 늦은 밤까지 안내 데스크를 지켰다. 그뿐 아니라 213호와 관련된 것이라면 아주 사소한 정보까지 오름이네 방으로 날라다 주었다.

명 탐정은 그런 페페의 행동이 마음에 들지 않았다. 자칫하면 용의자들에게 자신들의 정체가 드러날 수도 있는 아주 위험한 행동이었기 때문이다. 하지만 이번에는 달랐다. 페페의 설명에 따르면 용의자들의 행동이 예사롭지 않은 것만은 틀림없었다.

"중크롬산 암모늄이라나? 그게 뭐예요? 그걸 구하려면 어디로 가야 하는지 묻던걸요? 아, 또 있어요. 석유도 구해 줄 수 있는지 물었어요."

페페는 213호 손님 중 하나가 할머니에게 하는 말을 들었다고 했다. 그리고 오후 늦게 아주 커다란 상자를 들고 방으로 들어가는 것을 보았다고 했다.

페페의 이야기를 들은 명 탐정은 잠시 고민하더니 가방 깊숙한 곳에서 잠자리 스파이를 꺼내 왔다. 그건 지금껏 단 한 번도 실전에 사용한 적이 없는, 명 탐정이 가장 아끼는 최첨단 장비였다. 얼핏 보면 정말 잠자리처럼 생긴 작은 로봇이지만 초소형 정밀 카메라가 붙어 있었다. 리모컨을 조종하면 날아올라 약 100m쯤 떨어진 곳까지는 충분히 이동한 뒤 영상을 보내 주는 로봇이었다.

명 탐정은 감탄사를 연발하는 아 조수와 두 꼬마들 앞에서 우쭐한 기분이 되어 잠자리 스파이를 출동시켰다.

명 탐정이 리모컨을 조종하자 스파이는 가볍게 날아올라 창밖으로 날아갔다. 그러고는 얼마 뒤, 영상을 보내오기 시작했다.

"명 탐정님! 소리가 잘 안 들려요."

페페가 어느새 아 조수를 밀어내고 모니터 바로 앞쪽 자리를 차지하고는 말했다.

"기다려라. 이제 잘 들릴 거야."

"치치칙 치이익~ 모래가 너무 치치, 치칙~ 아니야?"

모니터에 달린 스피커는 성능이 그리 좋지 않아 보였다.
이때 213호에서는 용의자들이 잠자리 스파이의 존재를 모른 채 무언가에 열중하고 있었다.
213호 방문에는 '휴식을 취하는 중이니 들어오지 마시오'라는 메모가 붙어 있었다. 방 안쪽 가운데에는 소파와 의자가 치워지고 대신 커다란 나무 상자가 자리를 차지하고 있었다.
"그래? 좀 더 넣을게."
키가 크고 마른 용의자는 옆에 있던 자루를 들어 올려 나무 상자 안에 모래를 쏟아부었다.
"이제 됐어."
"휴, 이제 어떻게 하면 되지?"
"모래 가운데를 파헤치고 중크롬산 암모늄을 넣어야지."
"얼마나 넣을까?"
"글쎄? 한 주먹쯤 넣으면 되지 않을까?"
키가 작고 뚱뚱한 남자가 말하자 또 다른 용의자가 검은 봉투에 들어 있던 주황색 물질을 한 주먹 가득 집었다.
"이만큼?"
"그래, 그 정도면 될 것 같아."
두 사람은 파헤친 모래 안에 주황색 물질을 넣고 길쭉하게 생긴 헝겊을 가운데에 세워서 박아 넣었다. 그리고는 주황색 물질이 보이지 않도록 그 위를 모래로 덮어 평평하게 만들었다.
"됐어, 이제 석유를 붓자."
이번에도 키가 크고 마른 용의자가 움직였다. 키가 큰 용의자는 플라스틱 병을 들더니 모래 위에 석유를 조심스럽게 쏟아부었다.
"됐어."

두 사람의 모습은 잠자리 스파이에 의해 207호로 생생하게 중계되고 있었다.

"아아! 저 사람들이 뭘 하려는 거죠?"

페페가 모니터 속으로 들어갈 듯 집중하며 물었다.

페페는 지금까지 살면서 이렇게 흥미로운 일을 겪어 본 적이 없었다. 처음에 오름이가 멀티 화산 시스템에 대해 설명해 주었을 때만 해도 사실 그 말을 믿을 수 없었다. 하지만 오름이가 213호에 묵고 있는 이상한 손님들과의 관계에 대해 털어 놓기 시작하자 어느새 자신도 모르게 심장이 빠르게 뛰는 것을 느낄 수 있었다. 그러고는 정말 신이 났다. 학교 건물이 트레일러에 실려 통째로 이사를 간다고 해도 이보다는 덜 신이 날 것 같았다. 그날 이후 페페는 진짜 탐정 놀이에 푹 빠져 있었다.

명 탐정이 조용히 말했다.

"실험을 하는 것 같은데?"

"무슨 실험일까요?"

오랫동안 침묵을 지키던 오름이의 물음이 끝나기 무섭게 모니터 안에서 잡음과 함께 용의자들의 목소리가 흘러나왔다.

"쉿!"

"치치칙~ 정말 기대되는군. (   )형 화산의 모습이 어떤지 잘 봐 두라고."

"걱정 마! 한시도 눈을 떼지 않을 테니까."

"혹시 너무 위험한 건 아니겠지?"

"(   )형 화산이란 원래 다소 위험해야 제맛이지. 밋밋하고 심심한 분출형 화산이랑은 달라야 하지 않겠어? 하지만 뭐 이건 그냥 모형일 뿐이니 크게 걱정하지 않아도 될 것 같아."

성능이 좋지 않은 스피커는 두 사람의 대화 중 중요한 단어를 잡음으로 삼켜 버렸다.

"뭐라는 거지? 무슨 화산이라고 했는데?"

"무슨 형 화산이라는 거 같아. 분명 동생 화산은 아니었어."

아 조수가 심각하게 말했다. 순간 명 탐정과 오름이의 표정이 싸늘하게 굳었다.

"하하하, 오빠! 너무 웃겨요."

207호에서 아 조수가 농담을 한 거라고 착각한 사람은 오직 페페 한 사람뿐이었다.

"자, 이제 불을 붙일게."

뚱뚱한 용의자가 성냥을 꺼내더니 헝겊에 불을 붙였다.

석유에 흠뻑 젖은 헝겊은 이내 불이 붙더니 안으로 타 들어갔다. 그러고는 잠시 후 놀라운 일이 벌어졌다.

"퍼퍼펑!"

"으악!"

평평하던 모래 더미가 위로 솟아오르더니 사방으로 쏟아져 내렸다.

예상은 했지만 그렇게 빨리 반응을 보일지 몰랐던 두 사람은 모래판 앞으로 얼굴을 바짝 들이밀고 있던 참이었다. 그 바람에 솟아오른 모래 더미가 두 사람의 머리 위로도 쏟아졌다. 순식간에 벌어진 일이었다.

"타타타타 펑! 타타타 펑펑!"

모래 속에서는 빨간 불꽃이 쉬지 않고 타올랐고 폭발음도 제법 컸다.

"으악, 어쩌지? 저러다 불이라도 나는 거 아니야?"

두 사람은 어느새 벽으로 밀어 놓은 의자 뒤에 몸을 숨기고 있었다.

"이상하다. 우리가 뭘 잘못했나?"

"아니야. 책에서 본 대로 했어."

키가 크고 마른 용의자가 옆에 놓아두었던 책을 펼쳐 들었다. 그러고는 곧 하얗게 질린 얼굴로 말했다.

"윽, 이런!"

"왜?"

"중크롬산 암모늄이 문제였어. 여기엔 10g을 넣으라고 나와 있어. 내 주먹으로 쥔 한 줌은 그 열 배는 될 거야."

눈을 맞춘 두 사람의 얼굴이 동시에 심하게 일그러졌다. 두 사람은 겁을 잔뜩 집어먹은 듯 의자 밑으로 깊숙이 몸을 낮췄다.

그 순간 명 탐정 일행도 모니터에서 눈을 떼지 못했다. 성능이 떨어지는 스피커는 벽 쪽으로 자리를 옮긴 두 사람의 이야기는 들려주지 못했다. 대신 폭발음만큼은 제법 실감 나게 전해 주었다.

명 탐정이 줌 인 기능 단추를 누르자 화면 속에는 모형 화산이 가득 들어찼다. 열을 받은 중크롬산 암모늄은 쉬지 않고 폭발을 일으켰다. 지나치게 많이 넣은 주황색 물질은 모래 더미 안에서 빨간 불꽃을 내뿜으며 타오르더니 이내 검푸른 재가 되어 모래 위에 쌓이기 시작했다.

아 조수가 신기한 듯 외쳤다.

"와! 명 탐정님! 진짜 화산이 펑펑 터지는 것 같아요."

오름이도 거들었다.

"저 검은색 재는 어디서 나오는 거지? 봐, 분화구 주위로 자꾸 쌓이고 있어."

"명 탐정님! 용의자들은 왜 저런 실험을 하는 걸까요? 멀티 화산 시스템이랑 무슨 관계가 있을까요?"

명 탐정이 보기에 제법 중요한 질문을 던진 건 페페였다.

"글쎄다, 나도 그게 궁금하구나."

명 탐정과 페페가 용의자들의 속내를 알아내기 위해 고민하는 동안 모형 화산의 폭발은 계속되었다. 폭발이 끝나 갈 즈음에는 불꽃과 소리가 한층 잦아들었다. 하지만 그때까지도 겁쟁이 두 용의자는 벽에 붙어 실험 결과를 엿보고 있었다.

"이제 거의 다 된 것 같아. 평평하던 땅이 산처럼 솟아올랐어."

"그래, 꼭대기엔 분화구 같은 구멍도 생겼어."

"흐흐, 진짜 화산이 터지면 화산재가 저런 모양으로 쌓이나 봐."

"눈으로 직접 확인했으니 됐어. 이제 폭발형 화산과 분출형 화산에 대한 문제……, 잠깐! 저게 뭐지?"

그때였다. 키가 크고 마른 용의자가 모래 상자로 다가가려다 무언가를 발견한 것은!

"뭐?"

"저기, 창가에 이상한 게 있는데?"

"어디? 저거? 어디서 잠자리 한 마리가 날아왔군그래."

뚱뚱한 용의자가 대수롭지 않게 말했다.

"잠자리? 너 저렇게 큰 잠자리 봤어?"

키가 크고 마른 용의자가 방 가운데로 걸어오며 말했다. 그러자 207호 안에도 그의 목소리가 울려 퍼졌다.

오름이가 외쳤다.

"으앗! 삼촌, 형! 큰일이에요. 이제 어떻게 해요?"

명 탐정과 아 조수도 무척 당황한 것 같았다.

페페가 힘없이 말했다.

"들켰다."

"안 돼! 그게 얼마짜리 로봇인데!"

명 탐정은 그때서야 큰 소리로 외치며 급히 리모컨을 조종했다.

하지만 때는 이미 늦고 말았다. 잠자리 스파이가 날아오르기 전 창문턱에 다다른 용의자들이 잠자리 스파이를 손에 쥐었다.

"대체 이게 뭐지?"

"큰일이군. 누군가 우리를 엿보고 있었어."

명 탐정 일행의 방 안에 두 용의자의 목소리가 똑똑히 울려 퍼졌다.

# 꼬마 탐정 오즘이의 과학 노트

분화하는 화산의 여러 가지 모습

분화란 화산에서 여러 가지 물질이 쏟아져 나오는 것을 말해요. 전 세계의 모든 화산이 똑같은 모습으로 분화하는 것은 아니에요. 무시무시한 폭발을 일으키며 용암이 하늘로 치솟았다가 다시 쏟아져 내려 주위를 검은 잿더미로 만드는 화산이 있는가 하면, 용암이 소리 없이 흘러내리는 화산도 있지요. 화산은 이렇게 분화하는 모습에 따라 폭발형 화산, 분출형 화산, 이 둘을 합한 혼합형 화산, 그리고 열극형 화산으로 나눌 수 있답니다.

▲ 폭발형 화산

땅속에 있는 마그마에 가스 성분이 비교적 많이 포함되어 있으면 지표면을 뚫고 나올 때 커다란 폭발을 일으키지요. 폭발형 화산에서는 뜨거운 용암이 분수처럼 솟아오르고 화산 암석 조각과 화산재도 쏟아져 나와요. 용암이 공중에서 식어서 화산재가 되어 층층이 쌓이기 때문에 화산의 모양이 고깔 모양을 닮는답니다.

폭발형 화산

▲ 분출형 화산

조용한 폭발을 일으키는 화산이에요. 묽은 용암이 강물처럼 천천히 그리고 조용히 흐르지요. 그러다 보니 생김새도 폭발형 화산과는 달라요. 꼭 방패를 엎어 놓은 것처럼 밑이 평평하게 생겼지요. 용암이 넓은 지역으로 흐르는 게 특징이지요.

분출형 화산

▲ **혼합형 화산**

큰 폭발을 일으키기도 하고 조용한 분출이 일어나기도 하는 화산을 말해요. 폭발형 화산과 분출형 화산의 모습을 동시에 볼 수 있는 화산이지요.

혼합형 화산

▲ **열극형 화산**

마그마가 분화구가 아닌 땅의 갈라진 틈 곳곳에서 솟아 나오는 화산을 말해요. 묽은 용암이 주변을 뒤덮어 넓은 대지를 이루지요. 우리나라의 개마고원이 열극형 화산으로 만들어진 땅이랍니다.

열극형 화산으로 만들어진 개마고원의 위치

화산이 분출하는 과정

화산이 분화하는 모습에 따라 여러 가지 종류로 나뉜다는 걸 앞에서 배웠지? 그럼 화산이 어떤 순서로 분출하는지 알려 줄게. 가장 격렬하게 분출하는 폭발형 화산의 분출 과정을 살펴보자.

깊은 땅속에서 붉은 마그마가 만들어졌어. 이 마그마에는 가스 성분이 많이 포함되어 있지. 마그마가 있는 곳에서 화산 활동이 시작되면, 분화구를 통해 화산재와 수증기가 나오기 시작해. 이어서 본격적으로 화산재와 용암이 격렬하게 뿜어져 나오지. 뿜어져 나온 용암과 화산재는 높이 솟아올랐다가 쏟아져 내리며 쌓이게 돼. 분출이 멈추면 쌓인 용암과 화산재가 식어 화산이 생기는 거야.

폭발형 화산의 분출 과정

땅속 깊은 곳에서 마그마가 만들어진다.

분화구를 통해 화산재와 수증기가 나오기 시작한다.

본격적인 분출이 일어나 용암과 화산재가 높이 솟아올랐다 쏟아져 내린다.

분출이 줄어들고 평평하던 땅이 솟아 화산이 생긴다.

모형 화산 실험하기

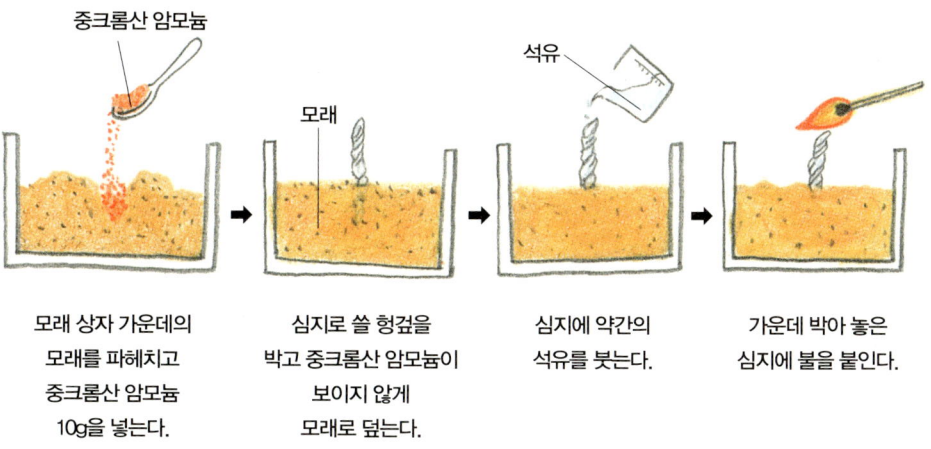

모래 상자 가운데의 모래를 파헤치고 중크롬산 암모늄 10g을 넣는다.

심지로 쓸 헝겊을 박고 중크롬산 암모늄이 보이지 않게 모래로 덮는다.

심지에 약간의 석유를 붓는다.

가운데 박아 놓은 심지에 불을 붙인다.

    중크롬산 암모늄과 모래 상자가 있으면 폭발형 화산이 분출하는 과정을 실험을 통해 직접 확인해 볼 수 있어. 모래 속에 중크롬산 암모늄을 넣고 심지를 박은 뒤 석유를 붓는 거야. 심지에 불을 붙이면 어떤 일이 일어날까? 중크롬산 암모늄 가루는 빨간 불꽃을 내면서 탄단다. 마치 진짜 화산이 폭발할 때처럼 소리와 빛을 내며 폭발하듯 솟아오르지. 그 뒤에는 검푸른 재가 모래 위에 쌓이고 또 쌓여 가. 다 타고 난 뒤에는 평평하던 모래 더미가 마치 화산처럼 불룩하게 솟아오른 것을 확인할 수 있을 거야. 물론 가운데에는 분화구처럼 구멍이 뚫리지. 중크롬산 암모늄을 이용한 이 모형 화산 실험은 폭발형 화산이 어떻게 분출하는지를 잘 보여 준단다. 하지만 위험할 수도 있는 실험이니까 꼭 어른과 같이 하고 특별히 조심해야 해.

7 이른 새벽에 일어난 대피 소동

'절대 출입 금지'

그날 이후 이틀째 213호 방문에는 커다란 종이에 쓴 경고문이 붙어 있었다.

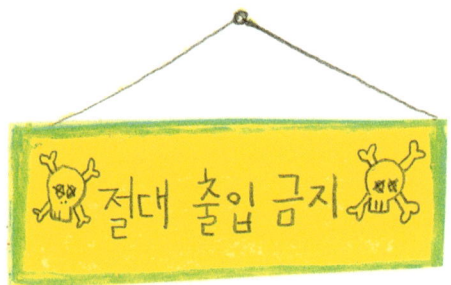

아 조수는 두 사람이 그날로 즉시 불카 게스트하우스를 떠날 거라고 주장했지만 다행히 그런 일은 일어나지 않았다. 대신 두 사람은 절대로 방을 비우지 않았다. 아침 식사도 한 사람씩 나와서 번갈아 가며 했고 이전처럼 산책을 나가는 일도 없었다.

문밖에 붙은 경고문처럼 누군가를 방 안으로 들이는 일도 없었다. 청소는 대충 알아서 했고 페페네 할머니가 용건이 있어 찾아가도 문을 빠끔히 열었다 닫을 뿐 절대 안으로 들어오는 것을 허락하지 않았다.

그 바람에 명 탐정 일행은 할 일이 없어져 방 안에 틀어박혀 있는 시간이 점점 늘어 가고 있었다. 그리고 그즈음 제주에서는 심 소장의 닦달이 이어졌다. 명 탐정은 일이 잘 진행되고 있으니 조금만 기다려 달라고 이야기했고 그런 모습을 지켜보는 아 조수와 오름이는 조금씩 불안해지기 시작했다. 한동안 탐정 놀이에 신이 났던 페페도 명 탐정의 눈치를 살피느라 207호를 드나들지 못했다.

그리고 사흘째 되는 날, 어둠이 채 가시지 않은 이른 새벽에 엄청난 일이 일어났다. 당시 불카 게스트하우스에 묵는 모든 사람들은 깊은 잠에 빠져 있었다.

명 탐정 일행도 평화롭게 꿈나라를 여행 중이었다. 아니, 아 조수는 꿈속에서 영웅이 되어 있었다. 하와이의 평화를 위협하는 악당은 깜장 중절모와 007가방. 아 조수는 용의자들이 멀티 화산 시스템으로 하와이의 모든 화산을 동시에 폭발시키려는 음모를 막아 내기 직전이었다.

"놈들이 가진 가방을 어서 빼앗아야 해. 저 가방 속 단추를 누르면 모든 게 끝이 나! 어서 서둘러!"

아 조수가 지시를 내리자 명 탐정과 오름이가 용의자들을 향해 뛰어갔다. 하지만 어리석은 두 사람은 용의자들을 놓쳤고, 세 사람이 보는 가운데 용의자는 가방을 열고 단추를 눌러 버렸다.

"콰르르릉!"

엄청난 소리와 함께 땅이 흔들렸다. 아 조수의 온몸에 어마어마한 진동과 떨림이 느껴졌다.

"안 돼!"

아 조수가 큰 소리로 외치며 침대에서 몸을 일으켰다.

"휴, 꿈이었구나."

아 조수가 이마를 타고 흘러내리는 식은땀을 닦아 내려는 순간, 꿈에서 들었던 것보다 훨씬 더 큰 소리가 들려왔다.

"콰르릉, 콰르르릉!"

그러더니 곧 침대가 춤을 추는 것처럼 심하게 흔들렸다.

"으아아아아악!"

"이게 무슨 일인가?"

아 조수의 외침과 함께 명 탐정과 오름이도 자리에서 벌떡 일어났다.

"명 탐정님, 꿈이에요. 놈들이 멀티 화산 시스템 기술로 하와이의 모든 화산을 폭발시켰어요."

아 조수가 횡설수설하는 동안 방 밖에서 사람들의 외침이 들려왔다.

"지진이다! 모두 대피해!"

"사람 살려!"

"어서 건물 밖으로 나가요!"

얼결에 침대 아래로 내려선 세 사람은 침대가 아니라 건물 전체가 통째로 흔들리고 있다는 사실을 곧 깨달았다. 이번에 찾아온 진동은 짧게 끝나지 않았다.

"나가자! 얼른 서둘러!"

명 탐정이 방문을 열고 두 사람을 방 밖으로 급히 끌어냈다.

복도 계단에는 사람들이 줄을 지어서 1층으로 내려가고 있었다. 명 탐정 일행도 그 속에 섞여 들었다.

"와장창!"

복도 창문이 깨지는 소리가 날카롭게 들려왔다.

"창가에서 멀어지세요!"

누군가 외쳤다.

"우당탕!"

"으악!"

"그림이 떨어졌을 뿐이에요. 당황하지 말고 다들 어서 아래로 내려가세요."

몇몇 사람들은 어쩔 줄 몰라 우왕좌왕했지만 대부분의 사람들은 침착하게 행동했다.

명 탐정 일행이 건물 밖으로 빠져나온 뒤에도 땅의 흔들림은 멈추지 않았다.

"여러분, 저기 넓은 공터로 가세요. 나무나 전봇대가 있는 곳으로 가까이 가면 위험합니다."

어둠 속이라 잘 보이지 않았지만 오름이는 그 목소리의 주인공이 페페네 할머니라는 걸 알 수 있었다.

다행히 불카 게스트하우스 주위에는 커다란 건물들이 거의 없었다. 밖으로 빠져나온 사람들은 페페네 할머니의 말대로 넓고 텅 빈 공터로 속속 대피했다.

잠시 후, 땅을 뒤흔든 거대한 진동이 거짓말처럼 사라졌고 잔뜩 겁에 질려 있던 사람들은 차츰 안정을 되찾았다.

"우리 숙소가 무너져 내린 건 아니지?"

미간을 잔뜩 찡그린 아 조수가 불카 게스트하우스와 오름이를 번갈아 보며 말했다. 꿈속에서 일어난 일이라 착각했던 아 조수는 안경을 챙겨 가지고 나올 겨를이 없었다.

옷이나 물건을 챙길 여유가 없었던 건 아 조수뿐만이 아니었다. 안경을 잃어버린 사람들이 가장 많았고 거의 대부분의 사람들이 맨발로 뛰쳐나와 있었다. 하지만 그 와중에도 무언가를 챙겨 들고 나온 사람들이 있었다. 어떤 사람은 가방을, 어떤 사람은 모자를, 또 어떤 사람은 컵을 들고 있었다. 신발을 한 짝만 신고 나온 사람도 있었고 유선 전화기를 가지고 나온 사람도 눈에 띄었다.

오름이가 아 조수에게 물었다.

"형, 대체 저 사람은 왜 전화기를 가지고 나온 걸까? 무선 전화도 아니고 코드가 뽑힌 유선 전화로는 통화할 수도 없잖아."

"명 탐정님의 명조수로 추리해 보건데 지진을 느낀 순간, 저 사람은 누군가에게 전화를 걸고 있었을 거야. 하지만 그 소란 가운데 한가하게 전화를 받고 있을 사람은 아무도 없겠지. 당황한 남자는 급히 나오느라 손에 들고 있던 수화기를 든 채 그대로 뛰쳐나온 거야."

아 조수가 무척 심각하게 말했지만 오름이는 아 조수의 추리가 조금도 흥미롭지 않았다. 그건 보통 사람이라면 누구나 생각해 낼 수 있는 그런 수준이었다.

"모두들 다친 데는 없습니까?"

동쪽 하늘이 천천히 밝아 오는 가운데 페페네 할머니가 사람들을 둘러보며 말했다.

"다행히 다들 무사한 것 같아요."

"후유, 너무 놀란 것 빼고는 괜찮아요."

여기저기서 사람들이 안도의 한숨을 내쉬었다.

"날이 완전히 밝을 때까지 여기서 좀 더 기다려 봅시다."

할머니는 휴대용 라디오를 켜더니 뉴스가 흘러나오는 곳으로 주파수를 맞추고 소리를 높였다.

뉴스에서는 지진 전문가가 전화로 연결되어 있었다. 잠결에 지진을 피해 황급히 대피하고 휴대 전화로 이야기 중이라는 전문가는 무척 정신이 없어 보였다. 게다가 휴대 전화의 좋지 않은 음질 탓인지 주파수가 잘 맞지 않아서인지 라디오 소리에는 잡음이 심했다.

"화산이 많은 곳에 '치치칙 지징~'이 자주 일어나고 또 지진이 자주 일어나는 곳에 '치이익~~'이 많이 있습니다. 하와이는 화산 활동이 일어나는 지역이기 때문에 지진도 일어나기 쉽지요."

사람들은 라디오에서 흘러나오는 소리에 귀를 기울였다.

"전 세계에서 지진이 자주 일어나는 곳이 태평양을 빙 둘러싸고 있는데요, 이것이 지진이 일어나는 이유와 어떤 관계가 있을까요?"

"예, 우리가 밟고 있는 지구의 껍데기인 (   )은 여러 개로 나뉘어져 있습니다. 그 (   )들은 원래 아주 천천히 느리게 조금씩 움직이죠. 그러다가 서로 만나 밀치기도 하고 멀어지기도 합니다. 바로 이때 지진이 일어나는 겁니다."

"뭐라는 거야?"

오름이와 아 조수가 동시에 서로를 보며 물었다.

"몰라. 잘 안 들렸어."

아 조수가 고개를 저으며 말했다.

그때였다. 두 사람 앞에 앉아 있던 남자가 뒤를 돌아보며 조용히 말했다.

"판을 말하는 거란다. 우리가 밟고 있는 땅의 여러 조각들 말이다. 판이 서로 부딪치고 멀어지면서 지진이 일어난다는 거지."

"아아, 언젠가 책에서 본 거 같아요."

오름이가 이렇게 말하며 친절한 남자에게 눈인사를 건넸다. 그러고는 다시 라디오 소리에 귀를 기울였다.

"끝으로 혹시 발생할 여진을 대비해서 주의할 사항들을 짚어 주십시오."

"다들 안전하게 대피하셨으리라 생각합니다. 혹시 건물 안에 계신 분들은 벽면에 기대어 앉거나 큰 물건 밑으로 피하셔야 합니다. 창가는 유리창이 깨질 수도 있으니 가까이 가지 마시고요, 먼저 머리를 보호하셔야 합니다."

"건물 밖에서는 어떤 점에 유의해야 할까요?"

진행자가 다시 질문을 던졌지만 지진 전문가의 대답을 들을 수는 없었다.

"이런! 배터리가 다 됐군그래."

페페 할머니가 라디오를 살펴보며 말했다.

라디오에서 더 이상 소리가 나지 않자 뉴스에 주의를 기울이던 사람들의 시선이 여기저기로 흩어졌다.

"어! 명 탐……, 아니, 삼촌이 안 보이네?"

아 조수가 주변을 둘러보며 말했다.

"정말! 삼촌, 삼촌!"

오름이가 명 탐정을 찾아 자리에서 일어났다. 그러자 밝아 오는 아침

햇살 사이로 울상을 짓고 다가오는 명 탐정의 얼굴이 들어왔다.

"큰일이다."

"삼촌, 왜요?"

"아무리 찾아도 없어."

"뭐가요? 뭘 잃어버리셨어요?"

그때까지만 해도 아 조수와 오름이는 삼촌이 잃어버린 게 물건이라고 생각했다. 하지만 곧 두 사람도 어떤 일이 벌어졌는지 알게 되었다.

"213호 사람들 말이야."

두 사람은 지진의 공포에 휩싸여 용의자들의 존재를 까맣게 잊고 있었던 것이다.

"오, 이런!"

아 조수와 오름이는 멍한 표정으로 서로를 바라볼 뿐이었다.

꼬마 탐정 오즘이의 과학 노트

지진은 왜 일어날까?

지진은 판이 맨틀 위를 떠다니다가 서로 멀어지거나 다른 방향으로 밀어내거나 서로 가까워지면서 부딪칠 때 일어나요. 판이 서로 멀어질 때는 진흙 판 2개를 서로 반대 방향으로 당겼을 때처럼 빈틈이 생겨요. 맨틀에서 올라온 열이 2개의 판을 갈라놓는데 그러면서 지진이 일어나지요.

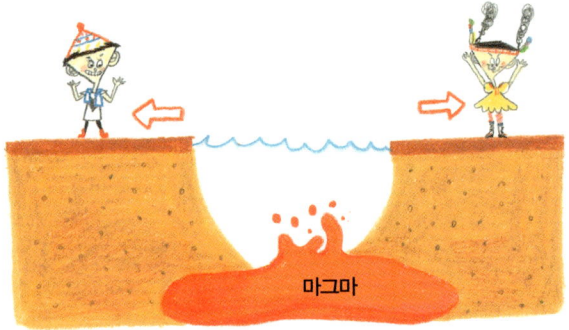

서로 멀어지는 판

판과 판이 서로 다른 방향으로 밀어낼 때에도 지진이 일어나요. 만약 살짝 부딪치며 부드럽게 미끄러져

서로 부딪쳐 밑으로 들어가는 판

간다면 작은 지진이 여러 차례 일어날 거예요. 그다지 큰 지진이 아니라 큰 피해를 불러오지는 않겠지요. 판과 판이 가까워져 정면으로 부딪쳤다면 1개의 판이 다른 판 밑으로 미끄러져 들어가게 될 거예요. 이때 일어나는 지진은 제법 규모가 커서 큰 피해를 몰고 올 수 있답니다.

지진이 일어났을 때의 대피법

지진이 일어났을 때에는 어떻게 대피해야 할까요?

지진이 일어났을 때 건물 안에 있다면, 먼저 가스를 잠그고 전기 차단기를 내려야 해요. 그다음 튼튼한 탁자와 같이 커다란 물건 아래로 머리를 보호하고 들어가 앉아요. 유리창이 깨질 염려가 있으니 창가는 피해야 하고 당황해서 무조건 출입문 쪽으로 달려 나가는 것은 좋은 방법이 아니랍니다.

지진이 일어났을 때 건물 밖에 있다면, 건물 옆이나 나무, 전봇대와 같이 쓰러질 위험이 있는 곳 가까이는 피해야 해요. 또 가지고 있는 물건으로 머리를 보호하고 넓게 트인 곳으로 대피하는 게 좋답니다.

동물들은 지진이 일어날 것을 미리 알 수 있을까?

지진이 일어나기 전에 동물들이 이상하게 행동하는 것을 보고 사람들은 '혹시 동물들은 지진이 일어날 것을 미리 알 수 있는 게 아닐까?' 하고 생각했어요.

지진이 일어나기 전에 관측된 동물들의 행동은 평소와 크게 달랐지요. 메기가 물 위로 뛰어오르고, 두꺼비 떼가 어디론가 이동을 하고, 호랑이나 사자 같은 맹수들이 눈에 띄게 얌전해졌어요. 또 땅속 벌레들이 땅 위로 기어 나오기도 했어요. 과학적으로 증명된 것은 아니지만 어떤 사람들은 동물들이 지진이 일어날 것을 미리 알 수 있다고 믿어요. 그런 사람들은 동물들이 땅속 깊은 곳에서 울리는 커다란 소리를 들을 수 있다고 말하지요. 또는 지구 내부의 자기장의 변화를 감지하는 능력을 가지고 있기 때문이라고도 주장한답니다.

지층과 단층

지구를 구성하는 땅은 여러 층으로 되어 있어. 오랜 세월 동안 진흙, 모래, 자갈 등이 쌓이면서 층을 이룬 것이지. 이것을 지층이라고 해. 지층이 지구 내부의 힘을 받아서 끊어져 어긋난 구조를 단층이라고 하고. 지진은 보통 단층에서 많이 일어나. 지층이 끊어져 단층이 생기면서 지진이 일어나는 거지.

단층면을 중심으로 위에 있는 지각을 상반, 아래쪽의 지각을 하반이라고 해. 정단층은 상반이 하반보다 아래로 내려가 있는 단층이고, 역단층은 상반이 하반보다 위쪽으로 올라가 있는 단층이야. 상반과 하반의 높이 변화 없이 수평으로 어긋나 있는 단층은 수평 단층 또는 주향 이동 단층이라고 하지. 단층면이 수직 방향인 것은 수직 단층, 축을 중심으로 반대 방향으로 돌아가면서 어긋난 것은 회전 단층이야.

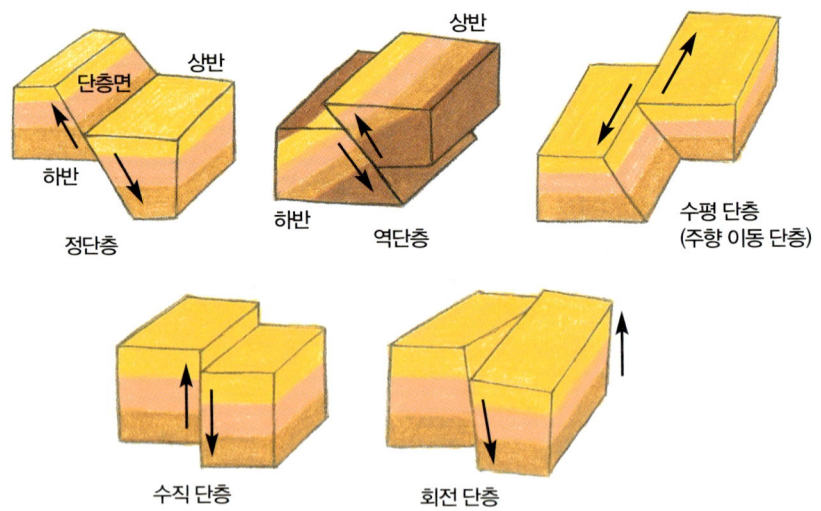

지진과 진동과의 관계

지진은 우리가 지구 속에서부터 지각으로 전달되는 진동을 느끼는 거야.
스티로폼을 가지고 지진이 일어났을 때의 진동을 느껴 볼까?

 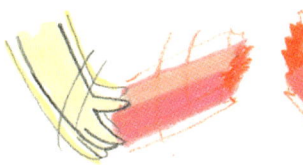 

이 스티로폼 조각을
지구 내부의 지층이라고 생각하자.
지층이 어떤 힘을 받아
휘어지고 있어.

계속 힘을 주면 스티로폼이
끊어지면서 손에 떨림이 느껴지지.
이 떨림이 지층이 끊어질 때 느껴지는 진동,
곧 지진이란다.

위 실험에서처럼 스티로폼을 지층이라 생각하고 두 손으로 양쪽 끝을 잡고 힘을 줘서 구부려 보는 거야. 점점 더 심하게 구부리면 스티로폼은 결국 손의 힘을 이기지 못하고 '탁' 소리를 내며 끊어질 거야. 이때 손에서는 약한 떨림이 느껴지지. 이 진동이 바로 실제로 지층이 어긋날 때 일어나는 지진이란다.

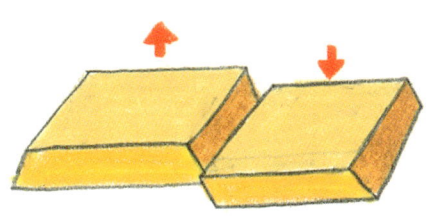 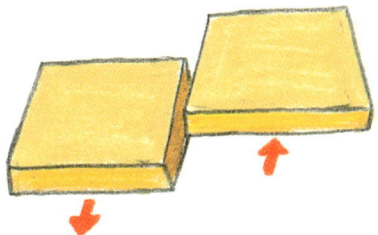

힘이 위아래로 작용하면
어긋난 지층이 이런 모습으로 놓이지.

힘이 앞뒤로 작용하면
어긋난 지층이 이런 모습으로 놓이지.

8 사라진 용의자를 찾아라!

지진으로 대피해 있던 명 탐정 일행이 불카 게스트하우스 건물로 다시 들어갈 수 있게 된 건 한낮이 다 되어서였다.

하와이 당국에서는 여진(큰 지진이 있고 난 다음에 뒤따르는 작은 지진)의 위험에 대비해 어떤 건물에든 일단 다시 들어가는 것을 금지시켰다. 하지만 명 탐정은 언제까지 기다리고 있을 수가 없었다. 그래서 사람들의 눈을 피해 몰래 건물 안으로 들어갔다.

명 탐정이 불카 게스트하우스 213호로 찾아갔을 때 출입 금지가 적힌 종이는 바닥에 떨어져 나뒹굴고 있었고 문은 굳게 잠겨 있었다. 명 탐정이 만능열쇠로 몰래 문을 열고 들어갔지만 안에는 아무도 없었다. 사람은 물론 짐도, 누가 있었던 흔적도 말끔히 사라진 뒤였다.

"213호 사람들? 어젯밤 늦게 급한 일이 생겼다고 하면서 떠났어요. 어디로 갔는지 나야 모르지."

페페네 할머니는 초조해하는 세 사람을 이상하다는 듯 번갈아 쳐다보며 이렇게 말했다.

결국 세 사람은 별 기대를 하지 않은 채 시내로 나와서 눈에 띄는 숙소를 무작정 찾아다녀 보기로 했다. 하지만 막상 시내로 나와 보니 눈앞에 펼쳐진 광경에 정신을 빼앗길 수밖에 없었다.

"줄을 서요. 줄을!"

"얼마나 더 기다려야 합니까? 물이 있기는 한 거요?"

한바탕 소란이 벌어지고 있는 곳은 한 편의점 앞이었다. 길게 줄을 지어 늘어선 사람들은 편의점 주인에게 물과 식료품을 내놓으라고 야단들이었다.

"흠, 어제 지진의 여파가 제법 컸던 모양이구나. 우리도 물을 좀 사 두는 게 좋겠다."

세 사람은 얼떨결에 편의점 앞 줄에 끼어 섰다. 명 탐정은 어디서 얻었는지 신문 한 장을 들고 있었다.

"삼촌! 꼭 전쟁터 같아요."

"전쟁터보다 나을 게 없지. 다행히 인명 피해는 없다고 하지만 다른 피해들이 속속 보고되고 있는 모양이야."

아 조수가 물었다.

"건물도 무너졌어요?"

"그럼. 여기 사진 좀 봐라."

명 탐정이 내민 신문 속에는 힘없이 주저앉은 건물들 사진이 담겨 있었다.

"으아, 우리가 묵었던 게스트하우스도 이렇게 무너질 수 있었던 거예요? 삼촌, 지진이 또 일어나면 어떻게 해요?"

오름이의 눈에 두려움이 가득해 보였다.

"이 건물은 지은 지 꽤 오래된 낡은 건물이라고 하는구나. 우리가 묵었던 숙소는 최근에 지은 건물인 데다 무척 튼튼해 보이니 그럴 염려는 안 해도 돼."

명 탐정이 오름이를 안심시켰다.

실제로 그날 새벽에 일어난 지진은 하와이에 20여 년 만에 찾아온 가장 커다란 지진으로 기록되었다. 하와이 주지사는 하와이섬 전체를 재난 지역으로 선포했다. 섬 곳곳에 있는 다리들이 피해를 입었고 오래된 건물들이 무너져 내렸다. 섬의 주요 고속 도로가 차단됐고 항공기는 모두 결항되었다. 공항에는 하와이를 빠져나가려는 사람들로 북적거렸다.

한참을 기다린 끝에 세 사람의 차례가 돌아왔다.
편의점 직원이 세 사람을 향해 말했다.
"물은 한 사람당 6병 이상 살 수 없습니다."
명 탐정은 아 조수와 오름이 것까지 물 10병을 샀다.
명 탐정이 계산을 하며 직원에게 물었다.
"이번 지진이 하와이에선 꽤 큰 지진인가 봅니다."
"그렇죠. 규모 2에서 3 정도는 비교적 흔한 편이지만 이번에는

그보다 훨씬 셌으니까요."

"규모 2에서 3이면 어느 정도의 지진입니까?"

"흠, 대부분의 사람들은 느끼지 못하고 아주 민감한 소수의 사람들만이 그 진동을 느끼는 정도지요."

편의점 직원은 정신없이 바쁘게 일하면서도 명 탐정 일행에게 아주 친절하게 대답해 주었다. 그러더니 다른 직원에게 자리를 넘기고 명 탐정 일행에게 다가와 다른 신문을 건넸다.

"난 퇴근할 시간이에요. 그 신문을 보면 오늘 지진이 얼마나 대단했는지 알 수 있을 거예요."

그가 건넨 신문에는 하와이섬을 나타낸 간단한 지도가 그려져 있었다. 물론 그건 단순한 지도는 아니었다. 하와이 푸아코 지역에서 가까운 바다 위에는 커다란 점이 찍혀 있고 그 위로 점점 크게 퍼져 나가는 동그라미가 그려져 있었다.

"흠, 이곳이 지진이 발생한 지역이로군."

오름이가 물었다.

"지진이 발생한 지역요?"

"그래. 두 사람 모두 그걸 뭐라고 하는지는 알지?"

명 탐정의 물음에 아 조수가 재빨리 딴청을 피우며 물었다.

"명 탐정님, 여기 6.6이란 숫자는 뭘 나타내는 거죠?"

아 조수의 손가락이 지도 위에 커다랗게 써 있는 6.6이란 숫자를 가리켰다.

"물론 지진의 세기를 말하는 거겠지. 그나저나 규모가 6.6이라니 대단하구나."

"그렇죠. 그 정도면 건물에 상당한 피해가 발생합니다."

편의점 직원이 끼어들었다.

작은 창고 쪽으로 모습을 감췄던 편의점 직원은 어느새 옷을 갈아입고 나와 있었다.

"실례가 안 된다면 한 가지만 더 묻고 싶소. 혹시 이 섬을 빠져나가려면 어떤 방법이 좋을지 아시오?"

"이 섬을요? 지금 당장 말입니까?"

편의점 직원이 의아한 표정으로 물었다. 그러더니 이내 고개를 가로저으며 말했다.

"오늘 새벽 지진이 일어나면서 곳곳에서 정전이 일어났어요. 제가 알기로는 오늘은 여객선이 운항하지 않을 겁니다."

"흠, 그렇군요. 잘 알겠소."

물과 빵을 사 가지고 편의점을 나온 명 탐정 일행은 친절한 직원과

작별 인사를 나눴다.

"한편으로는 다행이군."

명 탐정이 혼잡한 거리를 벗어나며 혼잣말처럼 중얼거렸다.

"뭐가요?"

아 조수가 물었다.

"놈들이 이 섬 어딘가에 있을 수밖에 없다는 사실 말이다."

아 조수와 오름이가 무슨 말인지 모르겠다는 듯 서로의 얼굴을 쳐다보았다.

"놈들이 우리가 묵는 숙소를 떠난 건 어젯밤 늦은 시각이라고 했지?"

"네."

"그 시각에 섬을 떠나는 배나 비행기는 없어. 그러니 이 섬 어딘가에 있는 다른 숙소를 찾아갔을 거야. 게다가 오늘 새벽에 지진이 일어나는 바람에 여객선 운항이 정지됐으니 꼼짝없이 갇혀 있을 거야. 항공편도 결항됐다고 하니 말이다."

"그런데 삼촌, 놈들이 왜 늦은 밤에 도망치듯 숙소를 떠난 걸까요?"

"그야 물론 잠자리 스파이 사건 때문일 거다. 누군가 자신들을 지켜보고 있다는 사실을 알게 됐으니 될 수 있으면 조용히 도망치는 게 상책이라고 생각했을 거야."

명 탐정 일행은 이틀 안에 하와이 관광 지도에 나타난 여러 숙소들을 일일이 찾아다녀 보기로 했다. 그 안에 여객선 운항이 정상으로 돌아오지 않기를 바라며.

"여기 파랗게 동그라미 친 곳들은 내가 맡지. 나머지는 아 조수가 맡게. 난 혼자서 다닐 테니 아 조수가 오름이와 함께 다니는 게 좋겠어."

명 탐정이 맡은 숙소는 아 조수와 오름이가 가야 할 곳보다 2배는 더 많았다. 명 탐정은 두 사람에게 오늘은 다섯 곳만 돌아보고 불카 게스트하우스로 돌아가 있으라고 말했다.

"참! 한 가지 더 말해 둘 게 있네. 두 사람이 함께 다니며 조금 전에 내가 물었던 질문의 답을 찾아보는 것도 재미있을 거야."

"네?"

명탐정은 두 사람에게 신문 한 귀퉁이에 다음과 같은 문장을 적어 주었다.

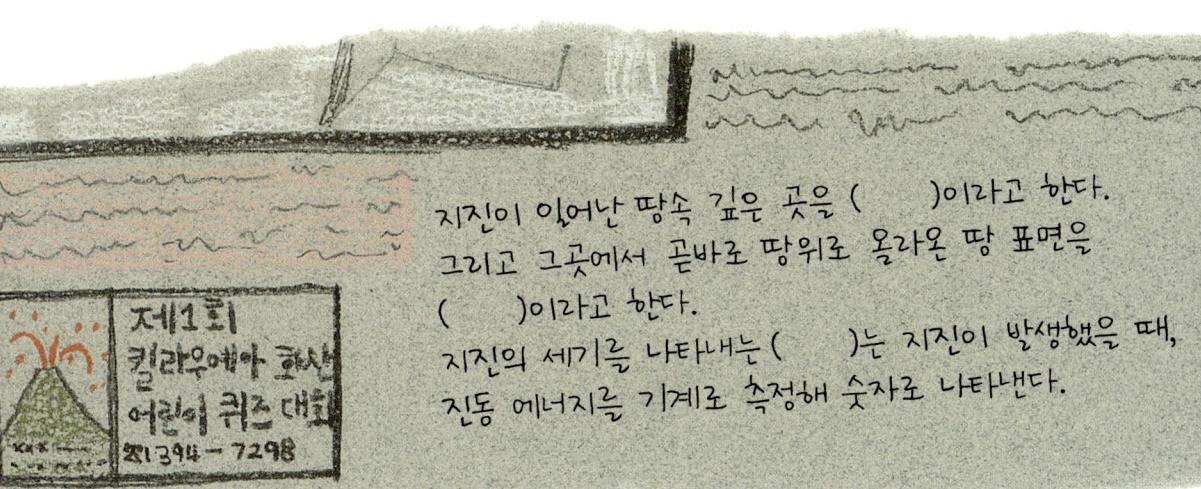

명 탐정은 흐뭇하게 미소를 짓더니 이내 손을 흔들어 보이며 멀어졌다. 오름이는 신문 귀퉁이에 적힌 문제와 총총히 멀어지는 삼촌의 모습을 원망스런 눈빛으로 번갈아 바라보았다.

　명 탐정의 모습이 사라지자 아 조수와 오름이도 그날 돌아볼 다섯 군데 숙소를 지도에서 정한 뒤 급히 발걸음을 옮겼다.
　깜장 중절모와 007가방을 찾는 일은 예상대로 쉽지 않았다. 그에 비하면 명 탐정이 내 준 문제는 누워서 떡 먹기였다.

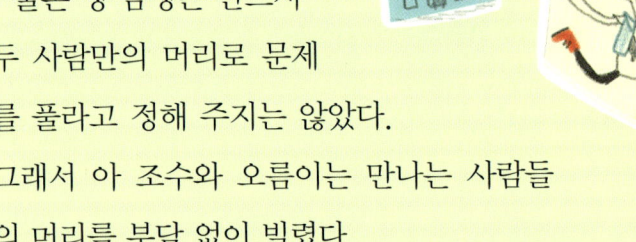

　물론 명 탐정은 반드시 두 사람만의 머리로 문제를 풀라고 정해 주지는 않았다. 그래서 아 조수와 오름이는 만나는 사람들의 머리를 부담 없이 빌렸다.
　결국 두 사람은 지진이 일어난 땅속 깊은 곳을 '진원'이라고 부른다는 것과 그곳에서 곧바로 올라와 지진이 발생한 땅 표면을 '진앙'이라고 한다는 사실을 알아냈다.
　오름이가 자신 있게 말했다.
　"지진의 세기는 규모라고 하지. 아까 삼촌이 편의점 아저씨랑 하는 말을 들었어."
　이로써 명 탐정의 숙제는 싱겁게 마무리 지을 수 있었다.
　명 탐정 일행은 두 사람이 분명 가명을 썼을 거라고 생각했다. 그래서 그랬는지 첫날 세 사람의 노력은 헛일로 돌아갔다. 어떤 숙소에서도 깜장 중절모와 007가방의 흔적은 찾을 수 없었다.

명 탐정과 아 조수는 두 사람의 차림새까지 세세하게 묘사하며 물어봤지만 누구든 '그런 사람을 본 적이 없다'며 고개를 저을 뿐이었다. 하긴 그 더운 나라에서 누가 그런 차림으로 돌아다니겠는가?

해 질 무렵, 지칠 대로 지친 두 팀의 수색대는 불카 게스트하우스 앞에서 서로를 위로하는 깊은 포옹을 나눴다.

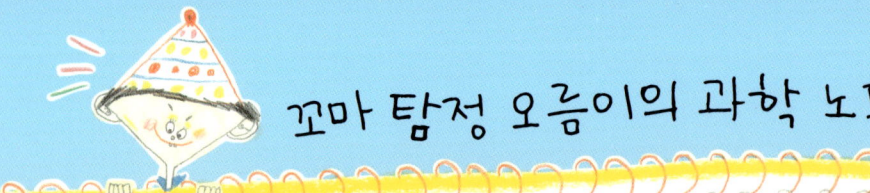
꼬마 탐정 오즘이의 과학 노트

지진의 세기

지진의 세기는 '규모'로 나타내요. 지진의 규모를 나타내는 대표적인 방법이 찰스 F. 리히터라는 미국의 지진학자가 만든 리히터 규모예요. 리히터는 지진이 일어난 곳에서 관측소까지의 거리와 지진파의 진폭을 측정해서 리히터 규모를 만들었어요. 보통 1에서 9까지의 숫자로 소수 첫째 자리까지 표시하고, 숫자가 커질수록 지진의 세기가 더 커지지요.

지진의 피해를 나타낼 때는 또 다른 계급인 '진도'를 사용해요. 진도는 사람들이 느끼는 강도와 피해 정도로 지진의 세기를 나타낸 거예요. 진도는 진앙으로부터의 거리와 지질 구조 등에 따라 달라질 수 있기 때문에 지역마다 달라진답니다.

■ 진앙에서의 리히터 규모에 따른 피해 현상

0~2 사람은 보통 느끼지 못해요.
2~2.9 사람은 잘 느끼지 못하지만 지진계에 기록돼요.
3~3.9 사람은 자주 느끼지만 피해는 입히지 않아요.
4~4.9 방 안의 물건들이 흔들리는 것을 뚜렷이 관찰할 수 있어요.
5~5.9 벽에 금이 가거나 약한 건물이 파손되는 정도의 피해가 나요.
6~6.9 집들이 흔들리고 건물에 심한 피해가 나요.
7~7.9 넓은 지역에 걸쳐 심한 피해가 나요.
8~8.9 대부분의 건물이 무너질 정도로 엄청난 피해가 나요.
9 이상 거의 모든 것이 파괴돼요.

진원과 진앙

지진이 발생했을 때 뉴스를 보면 진원과 진앙에 대한 이야기가 나와요.

진원은 땅속에서 지진이 시작된 곳을 말해요. 그리고 진원으로부터 곧바로 땅 위로 올라오면 그 표면이 '진앙'이 되는 거예요. 진원이 땅속 깊은 곳이냐 지표면과 가까운 곳이냐에 따라 피해 규모와 피해 지역이 달라져요.

잔잔한 물에 퐁당 하고 돌을 떨어뜨리면 주위로 물결이 퍼져 나가는 것을 본 적이 있을 거예요. 돌이 떨어진 곳과 가까운 곳은 물결이 크게 일지만 멀어질수록 점점 약해지지요? 진원에서 지진파가 퍼져 나가는 것도 같은 원리예요.

진원이 땅속 깊은 곳에 있으면 진앙까지의 거리가 멀어요. 이때 일어난 지진은 약하고 피해가 적어요. 반대로 진원이 얕은 곳에 있으면 진앙까지의 거리가 가까워서 지진파는 땅을 심하게 흔들어요. 이때는 지진으로 인한 피해가 크지요. 진앙에서 멀어질수록 지진의 피해는 급격히 줄어든답니다.

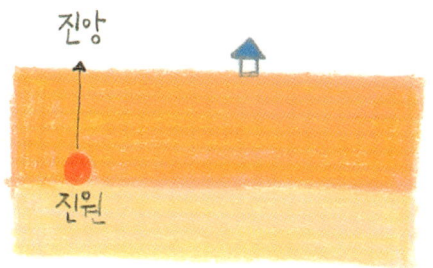

명탐정의 과학 지식 쫓기

지진계의 원리

지진이 일어났을 때 땅 위에 있는 모든 것들은 흔들리게 되어 있어. 땅이 흔들릴 테니 당연한 일이지. 하지만 만약에 공간에 정지한 채 움직이지 않는 것이 있다면 어떨까? 지진계의 원리는 바로 이런 질문에서 시작되었어. 공간에 정지한 채 움직이지 않는 것이 있다면 그것을 기준으로 해서 땅의 흔들림, 즉 진동을 기록할 수 있다는 거야.

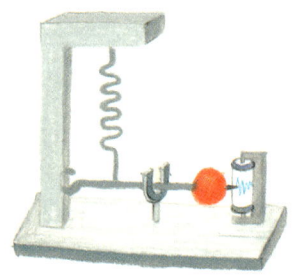
수직 지진계

지진이 일어나면 지진파라고 하는 파동이 생겨. 지구 내부로 전달되는 지진파에는 P파와 S파가 있어. 지진이 일어나면 지진계에는 P파가 먼저 기록돼. 그 후 조금 늦게 도착한 S파가 기록되지. 지진계는 속도와 흔들림의 방향이 다른 두 가지 지진파가 그려 내는 파장의 정도로 지진의 세기를 측정한단다.

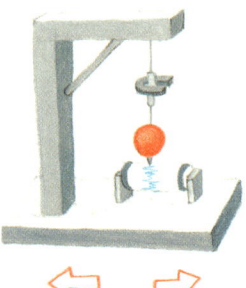
수평 지진계

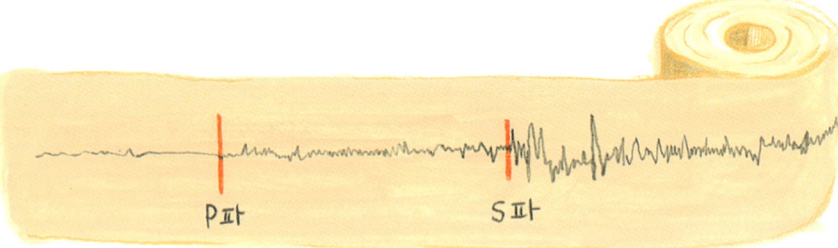
지진계에 기록된 지진파

P파 용수철을 손으로 눌러 잡고 있다가 놓았을 때 갑자기 튕겨 나오는 것처럼 흔들림이 땅 위로 빠르게 전달된다.

S파 밧줄의 한쪽 끝을 잡고 옆으로 흔들었을 때 밧줄이 물결치는 것과 같이 흔들린다.

나만의 지진계 만들기

① 두꺼운 판지로 틀과 밑판을 만든다.
② 밑부분에 지진파를 기록할 종이를 붙인다.
③ 연필의 심 부분을 남겨 두고 몸통 부분을 고무찰흙으로 감싸서 추를 만든다.
④ 추를 지진계 틀의 천장에 매단다. 연필심이 종이에 닿을 정도로 길게 매단다.

자, 수평 지진계가 완성되었어.
지진이 발생했을 때 수평으로 움직임이 없게 만들어진 추가 진동을 기록하게 만든 거야. 이제 책상을 흔들어 보면서 연필이 그리는 선을 관찰하면 돼. 책상을 가볍게 흔들 때와 세게 흔들 때 종이에 그려진 선의 모양이 어떤지 관찰해 보자.

지진계

9 퀴즈 대회 현장에서 벌어진 이상한 광경

페페의 마음은 몹시 우울했다.

'그날 밤에 할머니 대신 내가 게스트하우스의 안내 데스크를 지켰더라면 용의자들을 놓치지 않았을 텐데……'

페페는 이런 생각을 하며 몇 번이나 한숨을 내쉬었다. 하지만 벌써 닷새나 지난 일이었다.

페페는 친구와 함께 모레 열릴 '제1회 킬라우에아 화산 어린이 퀴즈 대회' 참가 확인서를 받으러 대회 운영 본부를 찾아가는 길이었다. 물론 페페가 참가할 일은 없었다. 단지 친구의 부탁으로 함께 가고 있을 뿐이었다.

'지진 때문에 섬 전체가 난리인데 이런 따분한 대회는 취소되어야 하는 거 아니야?'

페페가 이런 생각을 하고 있을 때 친구가 말했다.

"정말 다행이야. 대회가 취소되지 않아서 말이야. 그날 지진이 났을 때 맨발로 집을 뛰쳐나오면서 내 머릿속에 가장 먼저 든 생각이 뭐였는지 아니? '큰일이다. 퀴즈 대회가 취소되면 어쩌지?' 하는 거였어. 그날부터 어제 대회를 일정대로 진행한다는 소식을 듣기까지 내가 얼마나 마음을 졸였다고."

페페는 말이 많은 편이 아니었다. 하지만 그건 순전히 옆에 있는 친구에 비해서였다.

'후유, 그나저나 멀티 화산 시스템은 이제 어떻게 되는 걸까?'

"내가 그동안 얼마나 열심히 이 대회를 준비했는지 안다면 넌 아마 깜짝 놀랄걸?"

그때였다. 페페가 친구의 수다와 상관없이 이런저런 생각을 이어 가고 있을 때, 정말 깜짝 놀랄 일이 눈앞에 펼쳐졌다. 눈앞에 있는 사람들은 닷새 전에 놓쳤던 용의자들이 분명했다.

"하!"

한껏 벌어진 입을 다물지 못하던 페페는 이내 자세를 낮추더니 길가의 화산 국립 공원 안내판 뒤로 숨었다. 그리고 숨을 죽인 채 깜장 중절모와 007가방이 나누는 이야기에 귀를 기울였다.

"계획대로 진행되기는 했으니 어쨌든 한시름 놓았어."

"그러게 말이야. 그럼 우리는 모레 아침 열 시까지 여기로 오면 되는 거지?"

"그렇지. 쉿! 마지막까지 보안에 조심하자."

007가방이 주위를 둘러보며 불안한 눈빛으로 말했다. 그러더니 두 사람은 곧 페페가 지나왔던 길로 사라져 버렸다.

'모레 아침 열 시랬지? 그날 이곳에서 무슨 일을 벌일 셈이군.'

페페가 안내판 위로 고개를 내밀자 페페가 사라진 것도 모르고 한참 동안 혼자 수다를 떨었을 친구의 날카로운 목소리가 들려왔다.

"페페! 페페! 너 대체 어디 있는 거니?"

페페는 친구에게 들키지 않으려고 다시 제자리에 주저앉았다. 그리고 얼마 뒤, 친구의 모습이 보이지 않게 된 뒤에 불카 게스트하우스를 향해 달리기 시작했다.

"명 탐정님! 놈들이 아직 이 섬에 있어요!"

페페가 벅찬 감정을 억누르며 달리기 시작한 그 시각, 불카 게스트하우스 207호에서는 사람들의 울음소리가 울려 퍼지고 있었다.

"흑흑, 우리 아이들이 모두 저 학교 건물 더미 아래 갇혔어요."

"제발 제 딸을 좀 찾아 주세요."

텔레비전에는 지진 때문에 무너진 학교 건물 앞에서 울부짖는 사람들이 나오고 있었다. 그리고 텔레비전 밖에서는 세 남자가 눈물을 훔치고 있었다. 세 사람은 텔레비전에서 특집으로 방송되는 지진 관련 다큐멘터리를 보는 중이었다.

"저게 2008년 중국 쓰촨성에서 일어난 지진이야."

"맞아, 기억나요. 지진 때문에 댐이 무너져서 마을이 통째로 물에 잠긴 걸 봤어요. 정말 무시무시했어요."

명 탐정의 말에 아 조수가 얼굴을 찌푸리며 떠올리기 싫은 기억을 이야기했다.

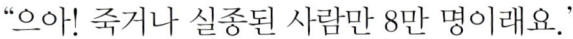

"으아! 죽거나 실종된 사람만 8만 명이래요."

오름이가 화면에 나온 숫자를 거듭 확인하며 말했다.

"흠, 정말 엄청난 숫자이긴 한데 그보다 열 배는 더 많은 희생자를 낸 지진도 있었지."

"네? 열 배요?"

아 조수가 깜짝 놀라며 물었다.

"그래. 1556년에 중국 산시성에서 일어났어. 정확한 규모는 알 수 없지만 전문가들은 대략 규모 8 정도로 본단다."

"8이면 지금까지 일어난 지진 중에서 가장 큰 규모겠네요?"

"그렇지 않아. 칠레에서는 1960년에 규모 9.5의 지진이 일어났어."

"네? 9.5요? 우아, 정말 대단하다."

"그래, 바로 그 지진이 지진 관측 이래 가장 큰 규모로 기록되고 있단다."

그때, 명 탐정의 휴대 전화가 울렸다.

발신 번호를 확인한 명 탐정은 한숨을 푹 쉬더니 가방 속으로 전화기를 던져 넣어 버렸다. 그러고는 괴로운 듯 베개로 머리를 파묻고 괴성을 질렀다.

"으아아아아아아!"

오름이가 아 조수에게 조용히 말했다.

"또 심 소장님인가 봐."

"그러게. 오늘 하루 종일 찾으시는데 전화를 한 번도 안 받으시네. 하긴 용의자를 놓쳤다고 어떻게 얘기를 하겠어?"

아 조수가 명 탐정의 눈치를 보며 오름이에게 귓속말로 말했다.

지진이 나고 용의자가 사라진 것을 확인한 뒤, 명 탐정 일행은 어제까지 하와이섬 곳곳을 뒤졌다. 하지만 용의자들의 흔적은 어느 곳에서도 찾을 수 없었다.

결국 명 탐정은 용의자들이 이미 다른 섬으로 떠났거나 아예 하와이 제도를 떠났을 것으로 판단했다. 그것은 곧 명 탐정 일행이 사건 해결을 포기해야 한다는 것을 의미했다. 그런 사실을 알아채기라도 한 듯 마침 제주도에서는 심 소장의 전화가 계속 이어졌지만 명 탐정은 전화를 받지 않았다.

"쾅쾅쾅 쾅쾅!"

"어디서 지진 났냐?"

아 조수가 심각한 분위기를 깨는 커다란 소리에 눈살을 찌푸리며 말했다. 그리고 그 말이 끝나기 무섭게 207호 문이 벌컥 열리며 페페가 나타났다.

"헉헉, 명 탐정님!"

페페가 숨쉬기가 어려운 듯 명 탐정만 겨우 부르고는 무릎을 꿇고 주저앉았다.

오름이가 페페에게 다가가며 물었다.

"왜? 무슨 일이야?"

"깜장이랑 007요, 헉헉, 아직 이 섬에, 헉헉, 있어요."

"뭐야! 그게 사실인가?"

명 탐정이 뒤집어쓰고 있던 베개가 천장으로 치솟았다가 다시 바닥으로 곤두박질쳤다.

"치치이익 치이익~ 오름이 나와라, 오버!"

무전기 소리가 주위 소음에 묻혀 잘 들리지 않았다.

킬라우에아 화산 어린이 퀴즈 대회의 열기는 예상보다 대단했다. 오름이에게 동생이 있다면 셋째 동생쯤 되어 보이는 어린아이부터 오름이보다 훨씬 큰 형과 누나들까지 행사장을 가득 메우고 있었다. 그리고 대회와는 상관없지만 참가자 어린이들 주위로는 네 명의 탐정들이 골고루 배치되어 있었다.

"얘기하라, 오버!"

오름이가 무전기에 다시 귀를 기울일 때쯤 무전기에서 긴박한 목소리가 흘러나왔다.

"용의자들이 나타났다. 모두 비상 대기하라!"

명 탐정의 목소리에 곳곳에 흩어져 있던 대원들이 한곳으로 모였다. 그곳은 퀴즈 대회의 본부가 위치한 곳이었다.

명 탐정은 놈들이 정말 대단하다고 생각했다. 그렇게 엄청난 범행을 공개된 장소에서 아무렇지도 않게 저지르려는 걸 보면 말이다.

깜장 중절모와 함께 나타난 007가방의 손에는 역시 커다란 007가방이 들려 있었다.

"이곳 경찰에 협조를 요청해 두었네. 근처 어딘가에 우리의 요청으로 도착한 경찰들이 있을 거야."

"명 탐정님, 저희가 할 일이 더 없나요?"

처음 해 보는 탐정 놀이가 무척 재미있는지, 페페는 심각한 상황인데 얼굴에 연방 웃음을 띠고 있었다.

"흠흠, 미리 부탁한 사진과 비디오 영상을 놓치지 말고 찍어야 하네. 그거면 충분해."

"명 탐정님, 놈들이 움직이기 시작했습니다."

"그래, 나도 보고 있어."

명 탐정은 두 사람의 움직임을 한순간도 놓치지 않고 있었다.

그때, 깜장 중절모와 007가방이 한 남자에게 다가가는 게 보였다.

"다들 대기하라! 놈들이 생각보다 일찍 일을 벌이려 한다."

명 탐정은 이렇게 말하고는 용의자들 곁으로 바짝 다가갔다. 주위가 시끄러웠지만 두 사람의 목소리는 비교적 잘 들렸다.

"본부장님, 이 가방 안에 들어 있습니다."

"네, 비밀리에 진행하시느라 고생하셨지요? 그동안 정말 수고 많으셨습니다."

007가방이 손에 들고 있던 가방을 웬 남자에게 넘기려던 찰나였다.

"펑!"

카메라 플래시가 터지고 명 탐정이 세 사람 가운데로 끼어들며 가방을 빼앗아 들었다.

"콰르릉 화산 연구소가 멀티 화산 시스템 정보를 그렇게 순순히 빼앗길 줄 알았나?"

명 탐정의 갑작스런 행동에 잠시 얼음처럼 굳어 있던 용의자들이 누가 먼저랄 것도 없이 이렇게 외쳤다.

"당신이 문제지를 훔치려고 했던 범인이군!"

"경찰, 이자가 바로 잠자리 스파이를 보낸 놈이오!"

그 순간 제복을 입은 경찰 넷이 달려왔다.

두 경찰관이 깜장 중절모와 007가방에게 말했다.

"당신들을 콰르릉 화산 연구소의 극비 문서를 빼돌린 혐의로 체포하겠소."

그런데 곧 이상한 일이 벌어졌다. 나머지 두 경찰관은 명 탐정에게 이렇게 말하는 게 아닌가?

"화산 퀴즈 문제지를 미리 빼내려고 한 당신의 죄를 인정하오?"

명 탐정은 꼼짝도 하지 못한 채 나머지 세 탐정들을 멍하니 바라볼 뿐이었다.

꼬마 탐정 오즘이의 과학 노트

세계 지진의 역사

한 해 동안 전 세계에서 일어나는 지진의 횟수는 얼마나 될까요? 무려 100만 번에 이른다고 해요. 정말 어마어마한 숫자이지요. 물론 이렇게 많은 지진들을 우리가 모두 느끼고 지나가는 건 아니에요. 대부분은 규모가 아주 작아서 느끼지 못하고 지나가는 경우가 많답니다. 하지만 몇 년에 한 번씩은 규모 8 정도의 꽤 큰 지진이 전 세계를 공포에 몰아넣기도 해요.

세계에서 일어난 지진의 역사를 훑어보면 지진이 얼마나 무서운지 알 수 있어요. 인류 역사상 가장 피해가 큰 지진은 1556년에 중국 산시성에서 일어난 지진이에요. 당시 지진의 리히터 규모가 얼마나 됐는지 정확히는 알 수 없지만, 사망자 수를 보면 산시성 지진이 왜 역사상 가장 피해가 큰 지진으로 기록되는지 알 수 있지요. 당시 지진이 일어난 뒤에 발생한 전염병으로 죽은 사람까지 합하면 사망자가 83만 명에 이른다고 해요.

중국에서 일어난 또 하나의 커다란 지진으로 1976년 1월에 중국 탕산 지역에서 일어난 지진을 꼽을 수 있어요. 탕산 지역의 지진은 규모 7.5 정도로 약 25만 5000명이 사망한 것으로 알려졌답니다. 이 지진은 19세기 이후로 사망자가 가장 많았던 지진으로 기록되어 있어요.

20세기 이후에 규모가 가장 컸던 지진은 1960년 칠레에서 일어났어요. 이 지진은 규모가 무려 9.5에 이르렀는데 높이가 26m나 되는 지진 해일이 발생했어요. 이 지진 해일로 칠레 해안은 물론 하와이와 일본, 필리핀까지 피해를 입었다고 해요.

지진 해일은 왜 일어날까?

지진 해일을 다른 말로 쓰나미라고 부르기도 해요. 쓰나미란 일본어로 '항구의 파도'란 뜻이지요.

지진 해일은 바닷속 깊은 곳에서 지진이 일어나면서 시작돼요. 지진이 일어나 지진파가 바닷물을

들어 올리면 파도가 생기지요. 이때에는 파도가 그다지 크지 않아요. 하지만 이 파도가 바다를 따라 번져 가면서 엄청나게 커다란 파도로 변하는 거예요. 그러다 마침내 해안가에 이르렀을 때에는 엄청난 파괴력을 가진 파도가 되어 해안가를 덮치게 되지요. 사람은 물론 나무와 집들이 파도에 휩쓸려 가고 마을 전체를 쑥대밭으로 만들어 버려요.

2004년 12월에 인도네시아 수마트라섬 부근 인도양에서 일어났던 지진 해일은 가장 큰 피해를 몰고 온 지진 해일로 기록되고 있어요. 지진 해일이 인도네시아, 스리랑카, 인도, 타이 등의 해안을 덮쳤는데, 총 15만 7000여 명의 사람들이 목숨을 잃었지요.

지진 해일이 일어나기 전에는 해안가의 바닷물이 갑자기 바다 쪽으로 휩쓸려 가는 것을 볼 수 있어요. 갑자기 커다란 썰물이 일어난 것처럼 보이는데, 이것을 그 해안가로 쓰나미가 덮칠 거라는 경고로 보면 돼요. 그럴 땐 무조건 바닷가에서 먼 곳, 지대가 높은 곳을 향해 뛰어야 한답니다.

지진이 자주 일어나는 곳

지진은 판의 경계 지역에서 자주 일어나. 지진 활동이 판이 서로 밀어내고 멀어지고 스쳐 지나가면서 일어나기 때문인데, 지진이 자주 일어나는 곳은 화산이 자주 폭발하는 곳이기도 해. 이렇게 지진이 자주 일어나는 곳은 태평양을 고리처럼 빙 둘러싸고 발달해 있어서 '환태평양 지진대'라고 한단다. 환태평양 지진대는 환태평양 조산대와 거의 일치하지. 조산대는 산맥이 만들어지는 활동이 일어나는 곳이야.

세계의 지진대

지진이 자주 일어나는 곳에서는 여러 가지 피해가 발생해. 건물 벽에 금이 가고 심하게 흔들리다가 마침내는 무너지기도 해. 땅이 흔들리거나 갈라지기도 하고 다리와 철도가 끊어지기도 하지. 또 전기나 수도가 고장 나고 가스가 새어 나와 불이 나기도 해. 둑이 무너져서 물난리가 나거나 산사태가 일어나기도 한단다.

지진에 대비하는 방법

지진에 대비하는 방법에는 어떤 것들이 있을까?

▾ 지진에 강한 건물 짓기

지진 피해를 줄이기 위해서는 지진에 강한 건물을 짓는 게 좋아. 지진에 강한 건물은 내진 설계가 잘된 건물을 말하지. 지진 위험 지대에 위치한 나라들은 내진 설계가 잘된 집을 짓도록 법으로 정하기도 해.

그렇다면 지진에 강한 건물은 어떻게 생겼을까? 땅 위에 건물을 세울 때 땅과 건물 사이에 고무와 강철을 이용해서 두꺼운 층을 만드는 거야. 이렇게 건물을 지으면 지진이 일어났을 때 흔들림이 멈추도록 도와준단다.

▾ 충격 흡수제를 쓴다

충격 흡수제는 커다란 고무판이야. 이 고무판은 지진파를 흡수하기 위해 건물을 지을 때 벽 속에 넣는데, 이렇게 하면 흔들림을 막을 수 있다고 해.

▾ 지진이 자주 일어나는 곳에서의 준비물

지진이 자주 일어나는 곳에서는 만반의 준비를 해 두는 게 좋아. 무거운 물건은 아래쪽에 두고 불이 날 때를 대비해 소화기를 준비해 두어야 해. 구급약품, 비상식량, 손전등, 물, 침낭이나 담요, 라디오도 필수품이야.

10 허무하고 맹랑한 사건의 결말

"아, 아니, 이게 뭐요?"

얼굴이 하얗게 질린 명 탐정이 겨우 입을 뗐다.

명 탐정은 007가방이 들고 있던 가방 안에서 나온 종이를 두 손에 들고 있었다.

"뭐긴 뭡니까? 우리가 만들어 낸 퀴즈 대회의 문제지지요."

007가방은 몹시 화가 나 보였다.

깜장 중절모가 말했다.

"그 이상한 잠자리 로봇을 보낸 게 당신들이었소?"

두 사람은 명 탐정 일행과 페페의 얼굴을 기억하고 있었다. 두 사람이 퀴즈 대회 본부의 도움으로 숙소를 옮기기 전까지 묵었던 불카 게스트하우스의 손님들이었기 때문이다. 그리고 여자아이는 불카 게스트하우스의 주인 할머니 손녀였다.

"이럴 수가! 당신들이 콰르릉 화산 연구소에서 정보를 빼내려던 용의자들이 아니란 말이오?"

깜장 중절모와 007가방은 명 탐정의 말을 절대 알아들을 수 없었다. 그들은 이번 대회의 문제를 출제하기 위해 초청을 받아서 온 사람들이었기 때문이다. 퀴즈 대회는 하와이 화산 국립 공원이 제주도의 세계

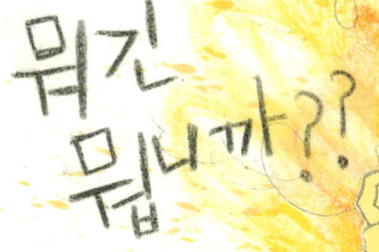

자연 유산 관리 본부와 자매결연을 맺은 기념으로 치러지는 행사였던 것이다.
　대회 본부로부터 직접 두 사람에 대한 이야기를 들은 명 탐정은 쥐구멍에라도 들어가 버리고 싶은 심정이었다.
　"죄송합니다. 뭔가 커다란 오해가 있었던 것 같습니다. 정말 죄송합니다."

명 탐정은 진심으로 거듭 사과했다. 그래서 그랬는지 깜장 중절모와 007가방은 예상보다 쉽게 마음을 풀었다.

깜장 중절모가 말했다.

"그러고 보니 네가 유황 가스를 맡고 쓰러진 아이로구나?"

"네? 그걸 어떻게 아세요?"

"어떻게 알긴? 의식을 잃고 쓰러진 널 응급 센터로 옮긴 사람이 바로 나란다."

오름이는 그때서야 오랫동안 가졌던 의문을 풀 수 있었다.

용의자들 중 한 사람을 쫓아갔다가 매캐한 냄새를 맡고 의식을 잃어갈 때 누군가 오름이를 흔들어 깨웠었다. 꿈에도 생각하지 못했는데 그 사람이 바로 자신이 쫓던 용의자였던 것이다.

"우리가 문제를 낸다는 사실은 극비 사항이었습니다. 그런데 화산 폭발 실험을 직접 체험해 보던 날, 잠자리처럼 생긴 이상한 로봇을 발견했지요."

"맞아요. 그래서 문제가 밖으로 새어 나가면 안 되는데 이거 큰일이구나 했습니다. 그러고 나서 바로 대회 본부에 이야기를 했죠."

두 사람은 대회 운영 본부의 도움으로 아무도 모르게 숙소를 옮길 수 있었다고 했다.

깜장 중절모와 007가방 입장에서는 오해가 풀린 게 무엇보다 다행이었다. 우려했던 문제 유출의 가능성이 사라졌기 때문이다. 그러나 명 탐정 일행에게는 하늘이 무너지는 것과 같은 충격이었다.

명 탐정은 아주 오랫동안 말이 없었다.

"이건 우리 잘못이 아니야. 콰르릉 연구소에서 잘못된 정보를 넘기는 바람에 일이 이렇게 된 거지."

명 탐정이 옷을 뒤져 전화기를 찾았다.

"명 탐정님, 어디에 전화를 거시려고요?"

아 조수가 조급한 마음으로 물었다.

"어디긴? 심각해 소장이지."

"그동안 그렇게 전화를 피하셨으면서 이제 뭐라고 하시게요?"

"그땐 용의자들을 놓치고 할 말이 없어서였어. 하지만 이제 그들이 알려 준 용의자들이 범인이 아니라는 걸 알았으니 따져야지. 아주 큰 소리로 말이야!"

명 탐정 얼굴이 붉으락푸르락했다.

"명 탐정님, 그런데 이상한 게 있어요."

있는 대로 풀이 죽어 있던 페페가 고개를 갸웃거리며 입을 열었다.

"분명 저 사람들이 콰르릉 화산 연구소란 데를 모른다고 했잖아요? 그런 곳에 가 본 적도 없고……."

"으아아아~."

"읍, 퉤퉤!"

아 조수가 급히 페페의 입을 손으로 막았다. 웬일인지 아 조수의 이마를 타고 식은땀이 흘러내리고 있었다.

그때 명 탐정의 휴대 전화가 울렸다.

"옳지! 마침 제때 왔군그래."

명 탐정에게 전화를 건 사람은 심각해 소장이었다.

"뭐라고요? 그런 말도 안 되는 소리 집어치우쇼!"

심 소장은 전화로 용의자들이 이틀 전에 마우이섬에서 잡혔다고 했다. 하와이 화산 전문가에게 멀티 화산 시스템에 관한 자료를 넘기려던 찰나였다.

"이보시오! 당신들이 지목해서 우리가 처음부터 쫓았던 사람들은 범인이 아니었소!"

명 탐정의 목소리는 점점 더 높아져 갔다.

그리고 시간이 지날수록 불안감에 점점 더 몸이 낮아지고 있는 두 사람이 속닥거렸다.

"오름아, 그거 있잖아."

"뭐?"

"그거 우리 둘만의 비밀로 해야 해. 알지?"

오름이는 아 조수가 말하는 게 뭔지 알 것 같았다. 그건 공항에서 놓쳤던 또 다른 깜장 중절모와 007가방에 관한 이야기가 틀림없었다.

"알았어. 무덤까지 비밀로 간직할게. 맹세코!"

아 조수와 오름이는 조용히 손가락을 걸었다.

"뭐요? 그러니까 우리가 중간에 당신들이 지목한 사람들을 놓친 것 같다는 말이오? 절대 그런 일은 일어나지 않았소! 맹세코!"

명 탐정이 외쳤다.

"딸꾹!"

너무 놀란 아 조수가 가슴을 쓸어내리며 계속해서 딸꾹질을 해 댔고, 오름이는 명 탐정의 목소리가 커질수록 점점 더 울상이 되었다.

탐정 놀이에 잠시 신바람이 났었던 페페만이 세 사람의 모습을 번갈아 쳐다보며 고개를 갸웃거리고 있었다.

꼬마 탐정 오즘이의 과학 노트

수많은 사망자를 낸 아이티 지진

2010년 1월 12일 서인도 제도에 있는 아이티 공화국에서 규모 7.0의 강진이 발생했어요. 수도 포르토프랭스에서 남서쪽으로 15km 떨어진 지점에서 일어났지요. 이 지진은 규모 5.0 이상의 여진만 20여 차례나 잇따라 일어났다고 해요. 이 지진으로 도시 전체가 지옥의 땅으로 변했어요. 시신이 확인된 사망자가 17만 명이고, 아이티 당국은 20만 명이 넘게 사망했을 것이라고 했어요. 또한 50만 명의 이재민이 발생했지요. 수많은 아이들이 고아가 되었고 기본적인 약품이 모자라서 치료를 못 받은 많은 사람들이 죽어 갔어요. 세계에서 가장 가난한 나라 중 하나였던 아이티는 이번 지진으로 더욱 가난한 나라가 되었어요. 사람들은 먹고살기 위해 고향을 버리고 주변 다른 나라로 떠나야 했답니다.

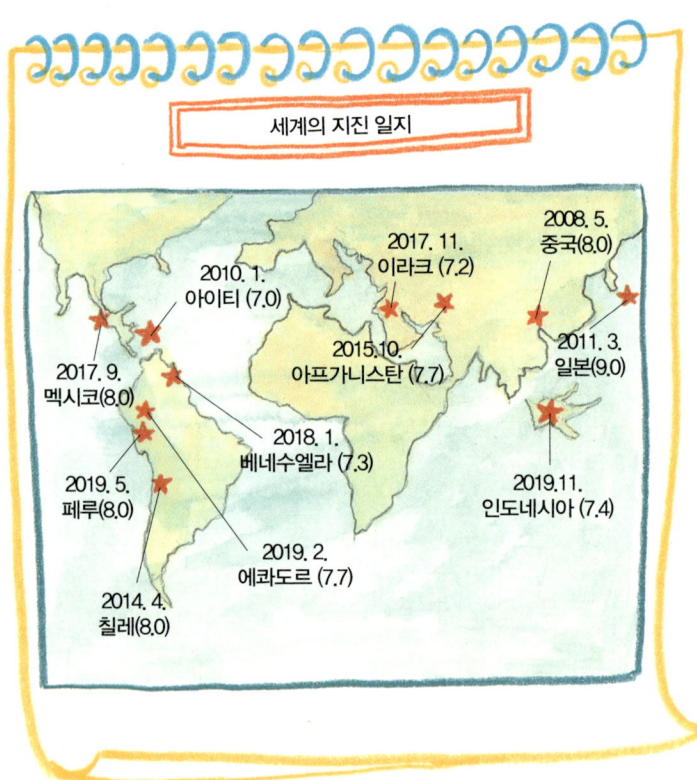

세계의 지진 일지

우리나라는 지진에서 안전한 곳일까?

이웃 나라 중국과 일본에서는 지진이 자주 일어나요. 그동안 우리나라는 유라시아판 안쪽에 위치하고 있어서 지진의 직접적인 위험 지역은 아니라고 생각했어요. 하지만 우리나라도 더 이상 지진 안전 지대가 아니랍니다. 최근 몇 년 동안에는 비교적 규모가 큰 지진이 일어나 많은 사람들이 피해를 입었어요.

우리나라가 지진을 관측하기 시작한 1978년 이후로 해마다 평균 약 44차례의 지진이 일어나고 있다고 해요. 2016년에 일어난 경

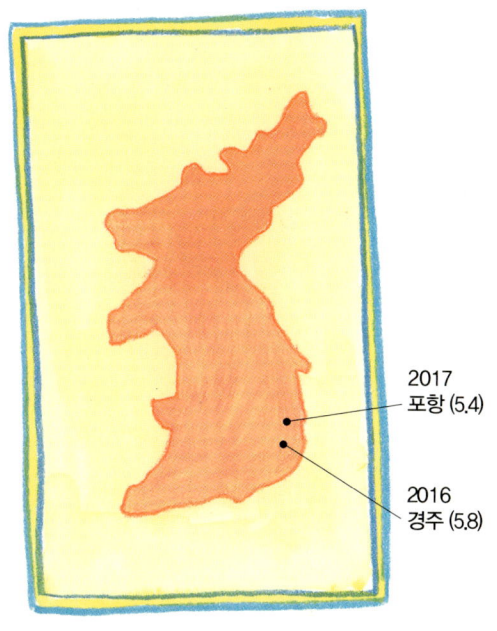

2017 포항 (5.4)

2016 경주 (5.8)

주 대지진은 진도 5.8을 기록하여 지진을 관측하기 시작한 1978년 이래로 가장 큰 규모의 지진이었어요. 많은 사람이 다치고, 경주의 문화재들을 비롯하여 건물도 일부 파손되었지요. 수백 건의 여진이 계속되어 많은 사람들이 불안에 떨어야 했답니다.

2017년에 포항에서 일어난 지진도 진도 5.4에 이르는 두 번째로 큰 규모의 지진이었어요. 역시 건물에 크고 작은 손상이 일어났고, 천 명 이상의 이재민이 발생했답니다.

우리나라는 유라시아판 안쪽에 위치해 있대!

화산과 지진을 연구해야 하는 이유

화산을 연구하는 사람을 화산학자라고 하고 지진을 연구하는 사람을 지진학자라고 해. 화산학자와 지진학자들은 오늘도 끊임없이 땅속 깊은 곳에서 일어나는 움직임을 알아내려고 애쓰고 있단다. 지진과 화산을 미리 예측하는 일은 정말 어려운 일이야. 하지만 아주 오랜 옛날부터 사람들은 땅속 깊은 곳, 그리고 그곳에서 일어나는 일에 대해 호기심을 키워 왔어. 그 덕분에 우리는 화산과 지진과 관련된 여러 가지 사실을 알게 되었지. 화산이 폭발하며 나오는 물질을 연구하면서 지구 속 물질에 대해 알 수 있게 되었어. 지진파가 서로 다른 속도로 전파된다는 사실, 지진이 자주 일어나는 지진대에 대한 연구, 지진계의 발명……. 이 모든 것들이 과학자들의 호기심에서 시작해 밝혀진 사실들이란다.

지진학자와 화산학자들은 지진이 일어날 곳에 대한 예측, 화산이 폭발하기 전에 보이는 징후들에 대해 끊임없이 공부하고 있어. 그래야 사람들에게 일어날 엄청난 피해를 줄일 수 있기 때문이지.

인도네시아와 필리핀은 나라 곳곳에 화산이 흩어져 있어서 한번 화산이 터지면 수많은 사람들이 목숨을 잃기도 해. 또 아이티와 칠레에서 일어난 지진으로 많은 사람들이 삶의 터전을 잃고 소중한 목숨을 잃었지.

이제 지구상 어느 곳도 화산과 지진의 피해로부터 완벽하게 완전한 곳은 없단다. 우리가 화산과 지진에 대해 끊임없이 연구해야 하는 이유, 화산학자와 지진학자가 늘 화산과 지진이 일어날 것을 감시하고 대비해야 하는 이유가 바로 여기에 있지. 바로 화산과 지진으로 인한 사람들의 피해를 줄이기 위해서란다. 더 나아가서 화산에서 나오는 에너지를 잘 이용하는 방법과 관광 자원으로 이용하는 방법을 알아낼 수도 있겠지. 또 지진에 대한 연구는 지진 해일로 인한 피해를 줄이고 지진에 강한 건물을 짓는 데도 도움이 될 거야.

또 지금은 불가능한 일이지만 끊임없이 연구하다 보면 언젠가는 화산과 지진 활동을 정확하게 예측하게 될 날이 올 수도 있을 거야.